我的存在本來就值得青睞

吳姍儒 著

suncolor 三采文化

本書的溫度，將不偏不倚正中你胸懷

——藝人　曾沛慈

Sandy的文字很美。（每次看她的文字，讚嘆完我都想給她一個擁抱。）

並且我個人覺得，只能在她的文字裡嗅到這樣的吳姍儒。

這個吳姍儒特別勇敢、特別脆弱、特別釋放、特別真實！很像她內心的小女孩，全然自在地在書寫裡跳舞。

可能不會是你在螢幕前看到的她，像艷陽；而是一抹享受憩息片刻的晚霞，或天微亮的清香。

有一個下午我去找她，她正在寫作，到一個段落時她把電腦推向我要我看看。

我看著看著就泛淚，幾乎哭了。

她說：「我在寫的時候也哭了好幾遍。」

吳姍儒，妳一定要這麼可愛嗎？

我看到了不一樣的她。

真性情到我真的想重新認識她一遍，好好看見這個人內心那彷彿沒有盡頭的溫柔和義氣，原來都太容易被她的聰明堅強伶俐掩蓋。

好想給她一個擁抱。

她說這是她一直想做的事。

她不是玩玩而已，她知道她為何而做。而她決定要做一件事情的時候，通常都會做的好得不得了。

你準備好了嗎？

我猜這本書，是她給自己的擁抱。終於有空間，能讓她好好地做青睞的自己。而這份溫度，將不偏不倚地，絕對正中你胸懷。因為她也想給你們擁抱。

姍，謝謝妳的存在如此美好。我愛妳：）

每個人的作品，
都是自我療癒的過程與產物

——聲靈系歌手　魏如昀

如果你有關注她的官方社群媒體就會知道，
她的每則發文幾乎都是一篇篇動人又有深有淺的短文。

在詩人的眼裡，樹上掉下的落葉一片，
都可以成為是樹對大地的親吻。
在她的眼裡，我們以為的日常，對她來說就像遊樂園，
充滿各種驚奇的遊樂設施，還有溫馨安靜的角落可以歇歇腳。

我非常喜歡她對於文字的安排，撰寫文章的流向，
讓整篇故事看起來彷彿聞得到味道，在嘴裡也嚐得到滋味。

這本書我相信只是個開始，我已經開始期待她的下一本書了！

我的存在
本來就
值得青睞

回家吃釀豆腐吧

奶奶家住萬華某國宅社區旁的五樓舊公寓。我們家是反過來稱呼的，那麼疼你們的長輩，叫外公外婆多見外！改口吧改口吧……爺爺奶奶的叫，也就慣了。

「茲——」一聲後，卡上許多髒汙落漆的電鈴對講機傳出：「誰呀？」

「奶奶～開門！我是姍儒！」

「喔～姍儒來了！好，開門！」

咖啦！銀白鐵門隨著電流傳遞被機心彈簧一腳踹開。

狹小的樓梯間在關上鐵門的瞬間，只剩郵件投遞口透出的餘光流瀉，好幾台幾乎要生根相連的大小腳踏車與燒紙錢用的紅色鐵桶病懨懨地望著我。洗石子鋪成的階梯，每一階都是來人踏破的痕跡，嚴重磨損的防滑地條早已不敷使用。三階後，半樓的位置，會有一扇我永遠不知通往哪裡的木製白色氣窗，上頭綠色紗窗網格之嚴實，彷彿後頭背負了天大的祕密。我從小就害怕那扇視線水平在我腳踝高度的窗，所以總是會伸手扶著樓梯把手，利用離心力把自己給狠狠甩上通往二樓的第二階樓梯。紅色膠質扶手墊與泛黃發泡黏著劑同心協力把鏽蝕後顫顫巍巍的鐵欄杆固定住，多麼年久失修的一切，我常嗅到一股金屬油耗味，伴隨掌心感受到的黏膩，實在受不了就快速甩開了。

爺爺奶奶都出身於廣東省揭陽縣的客家聚落，口裡說著也稱作「揭西話」的「河婆話」。他是家裡經商的大少爺，她是奶娘的女兒，小時圓嘟嘟，大人們都喊她大番薯，窮人家孩子七歲就做了童養媳。

奶奶不像她媽媽那樣長得秀氣精靈，圓臉、小眼、薄唇，但就是牙齒長得特別整齊潔白，笑起來有梨窩挺可愛，生性害羞帶點幽默。奶奶身為長姊，孩提時期家裡窮到實在無法度日，媽媽把弟妹給賣了，她就背起簍子去山上拔菜幫助家計，失散的弟妹據說成年許久後才又重逢。奶奶曾說過，大概十歲時，有次颳起雷電交加的暴風雨，大宅子裡停了電，一片黑漆墨烏的，她嚇得哭了，只見爺爺牽起她帶去大宅裡的書房，悄悄撈出了一把父親藏著的手槍說：「別怕！我會保護妳！」

「然後就跟了妳爺爺一輩子。」

民國三十七年，爺爺獨自逃難到台東關山鎮，只得挖礦謀生，隔年奶奶才跟著家眷落腳台東，和爺爺共生了七個孩子。一家九口住在教師宿舍裡，輾轉待了卑南鄉龍田村與初鹿村，爾後爺爺才到初鹿國小教書。

爺爺瘦高，五官深邃，家境非凡，自然飽讀詩書，我有記憶以來，看他會的除了彈琴、畫畫、教書、下廚，甚至還會中醫與命理。在我心中，爺爺仙風道骨的書生樣，除了有點嚴肅寡言，其他樣樣精通，令我佩服不已。

我出生時，他拿了我的生辰八字去合命盤，我從小就特別珍惜爺爺替我取的名字，以前流行改名的年代我都堅定拒絕了，或許即便不信玄學，我還是對最喜歡的爺爺深信不疑。

///

在美國讀高中時天天搭公車，有次被一位年約三十的白人男子搭訕，他手裡拿著一疊扣環串起的中文字卡，喃喃自語地背誦。他聽見我和妹妹講中文，想問問他念的幾個詞是否精準。

這位每天都會碰上面搭公車的外國朋友，有天突然問我中文名字是什麼。我極緩慢地回答：「是我爺爺取的，我是吳——姍——儒——」

「吳姍……儒……那妳的名字是什麼意思呢？」我和妹妹面面相覷驚訝地發現，名字從小用到大，卻從未想過這個問題。外國朋友要我把字寫在小卡上拿回家查字典。

隔日車上相見，他興奮地拿出手抄的筆記說：「Sandy，妳的中文名字很好聽耶！」他湊到我身旁的座位，捧著黑色背包又掏出那疊小字卡，上頭歪歪斜斜地抄了幾句看似是中文的鬼畫符。

「真的嗎？」我不禁莞爾，「你真的去查了？有查到什麼意思嗎？」

在車程中搖來晃去的我們仨，專注凝視他興奮神情的姊妹倆。

他接下來說的兩句話，對我的生命產生了微妙變化。

「呃……姍是美好漂亮的，儒是作家的意思，所以妳的名字意思是……美好的……漂亮的……作家！」

「……」

「Are you? Are you a beautiful writer as your grandpa wished?」

我瞠目結舌，什麼都說不出來。

爺爺算準了嗎？這是他所希望的嗎？我的名字從出生便藏著最微小卻遙遠的夢想嗎？我有嗎？有成為爺爺心目中美好的作家嗎？外國朋友到站便下車了，我卻深深浸泡在這一波波溫柔而期盼的浪擊中，遲遲沒有離開。

此後，我把從國中時期開始堆疊的字句仔細小心地收藏起來，隨時都攜帶筆記本，把想到的文字記錄下來。對於寫作的喜愛醞釀出狂熱，甚至發展成獨樹一格的潔癖狂想症。在日常行進中，我常常如光感應那般看見腦海中飄搖的文字，有時是一段大綱，有時是幾句對話，在我眼前飛舞飄散，讓瞬息萬變的腦海激起陣陣浪花，站在崖邊觀浪，有時灑得我一臉濕漉漉，有時又高高捲起霎時收回。不得不多備著筆記本，每個包包都塞一本帶著。

漸漸地，我學會把自己的感受、情緒、想法、疑惑都編輯成寫作的歷程，再累都給自己一點時間，安安靜靜地把一切想說的話拼湊完整，開始動筆就必須寫完才放過這一回合。或許，經過這些年，我已經找到自己的語法，又或許再多過幾年，我可以在語法中找到小時候的自己。不論未來有沒有可能真的成為作家，都誠實記錄下來了。

///

有次家庭聚會，身為十五個孫子中第七位的我，前面哥哥姊姊們全都學歷斐然、成績優異，台清交、師大、陽明醫……狀元上榜、第一名畢業的大有人在。我是家族中第一個出國的孩子，自然被調侃是否擔心比不上哥哥姊姊所以「提早逃走」？

就在我語塞不知如何應對時，爺爺以家族大家長的身分開口說：「說什麼逃走？姍儒很勇敢，小小年紀十四歲敢一個人出國讀書，要我，我才不敢！她是我最佩服、最引以為傲的孫女！」不論我做什麼，爺爺奶奶都以我為榮，不論我成就高低、表現出色與否，爺爺奶奶都會疼愛我，我是這樣被疼愛確立的。

上了大學，我立定目標，拚命地希望兩年半可以念完書再「光榮返鄉」。這當中的思緒複雜，是為了想家、為了鄉愁，更是為了踏上歸途給爺爺看看那最令他驕傲的孫女真的很勇敢。

返家十萬哩，一落地總想親吻土地，這才是我的家，我長大的地方。

記得那是二〇一一年的十二月初，一通越洋電話在晚餐時間打來，爺走了。

不過短短一週後的十二月九日，我便能正式完成最後一堂大學課程，我拚命想給老人家看看我多努力，我可以比所有同學早畢業，也沒辜負爺對我無限的讚賞。可是我好不容易念完了，還是太慢了。再怎麼快還是太慢了。

我最愛的十二月裡，從此多了傷心的遺憾。我一連哭了好久，夜夜關了燈在睡前對照片說我很想你、我很愛你。有時也埋怨，為什麼不等等我？西雅圖雪不多，可冷起來也是整夜棉被都不暖和。

撐了一個月，收拾生活了七年的一切，正式搬回台北。潮溼悶冷，一出機場就是迎面撞上的窒息。我以為我會繼續哭泣，但令人驕傲的孫女回家了，總得勇勇敢敢地……

後來的後來，我成為國中英文老師，我再次想起爺以前也曾是老師，生命的連結如此恰巧，我們共同擁有一個階段的結束與開始，即便我怎麼想都想不起來最後一次見到爺是什麼時候，但我記得他靦腆一笑跟我說：「妳快回來呀！回

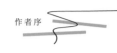

來爺做妳愛吃的釀豆腐啊！」

爺爺跟奶奶都沒有機會看見我進入演藝圈，更遑論我真正成為作家的這一刻。

爺爺走沒多久，我也跟著家族送走了奶奶。

整理奶奶遺物時，找到一只斑駁的手錶，她從不肯換，我想也就是長輩惜物愛物，畢竟是爺爺送的禮自然得好好收著。殊不知，我好奇翻過錶身卻看見後頭刻了四個大字……「天長地久」。我悄聲笑爺爺悶騷，臉上卻被淚水沖刷出兩道軌跡。

我多麼想念，奶奶攙雜客家腔調呼喚我的聲音，笑眼教我念客語順口溜的神情。我多麼想念爺爺手磨米漿、刨白蘿蔔絲、製作蘿蔔糕的背影，他過年用底片盒裝十個十元銅板給孫子們玩比大小的習慣。我想念殘破過時帶味道的老公寓和爺奶家的津津蘆筍汁，我想再次攀上三樓、爬上奶奶的床鋪偷吃口味兒，我想驕傲地告訴他們，爺爺奶奶，我後來沒繼續當老師，我成了主持人，我五年內拿了兩次金鐘獎，現在還成為夢想的作家了喔！

爺爺，就像你希望我成為的那樣，我要成為一個美好的作家了喔！

謹以此書獻給

無條件疼愛我最初樣貌的

張杏泗 與 丘任妹

目錄

／Chapter 2／

男女平衡更好

／Chapter 3／

沒辦法不去愛

/ Chapter 4 /

你認識真正的自己嗎？

/ Chapter 5 /

I Am Proud of You

Chapter 1

在界線中圈住你我

設立界線，
並非將不重要的人推得更遠；
而是把重要、深愛的人，
拉得更近、抱得更緊。

畫界線這堂課，正要展開

二十一歲大學畢業的我回到台灣只覺得自己好疲憊，我彷彿擁有許多卻又好像失去了所有。

這種矛盾的心情起因於爺爺奶奶突然相繼離去，我那微小而自傲的凱旋歸來計畫無疑是落空了。辦完後事，家裡好一陣子都延續瀰漫一股濕濕冷冷的抑鬱感，陰灰的天空是窗外壓死樹梢最後一點綠蔭的權勢。沒有人敢提起什麼，沒有人能放下什麼。初中後就赴美念書的我，原本在台灣的朋友已經鮮少聯繫，而發狂念書提早畢業的後果，就是連美國的同儕也都跟我走在不同的頻率上。

之於友情，我缺席得有些嚴重。

回台後，充滿失望與失落的新生活完全是料想之外。我只會選擇忙碌工作來壓抑心頭的苦與澀，沒有社交娛樂，沒有努力的理由，沒有夢想目標驅動，甚至沒有感受到自己生存的價值，我只是埋頭拚命工作賺錢。除了學生們給我的考驗和收穫，似乎沒有什麼能豐富我的生活。我的好朋友只剩下教室、粉筆灰，還有每天夜裡的溫水與枇杷膏。

在獨自一人搭乘交通工具的時間裡，我開始深切地質問自己，到底我生下來是要做什麼？我能帶給自己什麼？我能帶給世界什麼？沒想到探討起各樣「人」的問題，第一個冒出頭的居然是愛。我知道人的存在是用來承載愛的呀！可是到底愛是什麼呢？愛帶來的改變是什麼？這些許多人從年輕開始思索一路到年過半百都還疑惑的問題不斷困擾著我。

為了替生命理出頭緒，我工作之餘，所有時間都用來廣闊接受各種課程、書籍和資訊的衝擊。不斷抽絲剝繭，不停試圖整理出生命的韻律。很幸運地，我確實統整出了一些原則與概念，至少到現在預備三十歲都還是挺管用的。

有一次，我在人群中聽講，台上是個耳順之年的外國講者，他訴說著愛的本質與人性的脆弱無知，說著若無法把信念和眼見分開，則信念非信念，愛也無法真實滲透。

我在台下聽得越發困惑，如果單憑一股相信就可以過活，為什麼人有那麼多苦痛悲傷？為什麼有那麼多的孤單徬徨？如果人可以倚賴愛而生，為了那份愛的執念而存活，那為什麼好多人不覺得自己被愛？好多人都在愛裡被剝削傷害？從小看見許許多多心碎的女人與小孩，聽了不下萬篇的故事深深烙印在我記憶深處，我知道人都有破損的一部分，但我不明白，每個人都有的美好，到底為什麼其他人都看不到。

中場休息時，講者站在台側接受許多人的詢問與感謝。我不知道心裡發生什麼事，居然有一股憤怒彷彿鋼鐵製的盔甲將我奮力往前一推，一瞬間我衝到他的眼前，猖狂地用英文跟他說：「你憑什麼講解愛的本質？我根本不相信你說的那些。」那瞬間氣沖沖的我臉頰發燙、渾身緊繃，嬌小的我彷彿一根風雨中欲斷的樹枝，硬是杵在狂風之中。

下一秒，他居然聳聳肩說：「妳不相信也沒關係，抱歉讓妳感覺不舒服，但妳怎麼想都與我無關。」

樹枝斷了。

而且根本沒有狂風。

在驚訝與眾目睽睽之下，我轉身離開會場，既羞愧又充滿怨懟，滿腦子想著他為什麼完全不在乎我對他的質疑和指控？我剛剛脫口而出的那幾句話，或許在他眼中只是一個孩子的胡言亂語，但我看到了，我看到他眼中的誠懇與安定，當他清晰地聽進去我說的那些話語後，穩定地說「那與我無關」的時候，他沒有一絲要攻擊我的意思，只是闡明了一個事實：妳怎麼想都與我無關。

我一路哭回家（或許你已經非常明白我根本就是世界第一愛哭鬼，嗯，習慣就

好）。那天我感受到好強烈的脆弱，除了滿腹困惑以外，我還像個在大賣場尖叫鬼吼甚至躺在地上打滾卻還沒得到想買玩具的小孩一樣，氣噗噗地落淚。

這件事被我清楚地記錄在日記裡，卻從沒真實地找到解答，直到兩年後，我終於學會「畫界線的藝術」，也才終於停下腳步細細感受講者當年的氣度。

今天要聽：

〈克卜勒〉——孫燕姿

原來，感情如此脆弱不堪一擊

這兩年中，在日漸擴張穩定的朋友圈中，我結交了幾位親密的好友，其中有一位是我很欣賞的女子。她漂亮可愛體貼而聰慧，喜歡寫文字的我對於她文章中別開生面的用字遣詞特別喜歡，一起參加過幾次活動後，注意到她對於人際之間的委婉圓融和妥善溝通是我需要更多學習的特質。我們快速地成為可以牽著手陪伴彼此哭泣，也可以自在披頭散髮大笑的好姊妹。在團體中總是輕鬆擔任康樂股長角色的我，自然地讓她成為行動力十足的副將，不論是辦活動、預備驚喜、經歷人生大小事，她彷彿成為了我的華生醫生，她的溫順討喜與我的活潑果斷產生了渾然天成的共鳴，若是男女，幾乎可說琴瑟合鳴。

不過隨著我的工作量漸大，她也開始自己創業的路程，我們相聚時間變少之餘，談話內容漸漸脫離幼稚的玩笑，轉換成研究利弊探討手法的意見交換。

起初，我沒有多想，只是在她表達碰到困難的時刻，給她立即且高效的解決辦法，這部分，我的果斷完全起了作用，而她向來也都是照著我提供的方法去執行……噢不……她沒有！幾次聽她跟我分享都是差不多的困難點之後，我突然發現她非但沒有照做，更是完全屏棄我提供的步驟，完全照著她的「想要」去執行。乍看之下這並沒有什麼大礙，但問題在於，我慢慢發現她的方法若是成了，便會善用她的委婉溫順向其他人訴說，我總是如何如何教她朝著「成功的反方向」走；若不巧她的方法沒有如期獲勝，她便用討喜卻委屈的方式苦笑說，不明白為什麼我不幫她。

我向來是個不擅長面對衝突的人，得知姊妹情變對我來說比失戀還苦，甚至退縮到了不敢與她好好對話的地步。這樣尷尬的場面，和我們常常相處的朋友們自然都發現了，可我堅強直接的形象與她委婉妥協的表現，讓大夥兒私底下跑來我這兒試圖說服我改變相處的模式。

「她就是擔心傷到妳，才來跟我們講的啦！」「她沒有惡意，一直都很替妳想啊～」團體中自然龜裂出幾個不同派系的支持者，友誼之中驟然拉起了好幾條隱形的封鎖線，為了表面上的和平，情勢中的緊繃感始終都只是用無形的感覺存在著。直到有一天她發起邀約，想帶大家去攀岩，圍成一圈的我們被她一一點名邀請，然後下一幕我就像是綜藝節目裡好幾位大咖明星中被刻意忽略以達到笑果的諧星，硬生生被跳過。早有預感的我面無表情順勢向後退了半步，把自己躲藏在其他個頭高些的朋友身後。

她正式地、公開地不要我了。接下來數週，只能用渾渾噩噩形容，因為實在太像真正被男友甩了的失戀女子，過日子動不動就咳聲嘆氣，看著過往歡樂的照片又哭又笑，再把化好卻哭花的妝卸了重上，夜半裡睡不著，還去偷偷看她的臉書，想知道她有沒有說我什麼，然後如同偶像劇演的一樣，黑暗中、棉被裡，發現自己已經被封鎖了。

我不明白到底發生了什麼事，只在風聲中略知她不滿我們的關係是我在主導（甚至照她形容的「控制」），也曾聽說她早就受不了「擔任」我**最好的朋友**

這個角色。

我一直以為我們倆在角色中是平衡的互補，我以為我們相處之間是拿出默契美好適切地彼此退讓，我以為她委婉中沒有犧牲，我以為她表現出的緊張擔憂是喜歡被我完美保護遮掩的。因為我深深地愛著這個朋友，深深地欣賞喜歡她的才華本事，深深地相信她與我背景類似可以相知相惜，所以老實說，知道的越多越是痛徹心扉。想起那些她因家庭、感情因素而泣不成聲的樣貌，我邊陪著她，邊自己讓淚滴從睫毛上漫溢滑落，想起那些碰到各樣狀況彼此對看知曉一切卻心照不宣的眼神，想起那些，我就像個悉心澆灌餵養卻發現滿園春色被蹂躪踐踏的園丁，那些花兒都到哪裡去了？

每天、每天我都深陷在這樣自責委屈憂愁又手足無措的日子裡，但原定要上的課程不變，我依舊在快速地學習吸收著。

今天要聽：
〈No Longer Mine〉——— Roy Kim

面對悲傷，我們仍在學習

有一次，來了個年輕的男講者，他依照心理學系的背景講述人「面對悲傷的五個階段」與「畫界線的藝術」。那年我二十三歲，即便大學時期修過人類異常心理學（Abnormal Psychology）的課，聽到這簡單明瞭卻容易被遺忘的步驟依然覺得驚訝萬分。

原來，碰上悲傷，所有人的深度不同，所以表現出來的強度也就相去甚遠，但在面對悲傷之前先對悲傷有足夠的理解，或許我們會更知道自己何時能夠強韌到可以走出傷痛。

第一階段，是拒絕與隔離（Denial and Isolation）。這實在是人類很妙的地方，面對苦痛，為了自我保護，往往先否認現實或以封鎖隔離自己來隱藏事實。試想，一生中從未有人教導我們，應該先否認與隔離以走過第一時間的衝擊，但我們的腦袋知道主人現在正在經歷可能漸強或漸弱的情緒攻擊，為了生存下去才發展出保護機制，先把通往外界的大門統統關上了。果然，把心理學研究得再怎麼透徹，還是必須回歸到人類本是依著動物性存活下去的需求做選擇和行為導向的生物啊！

許多人面對悲傷會延長待在第一階段的時間，但順利的話，很快速地我們會自己走到第二階段，憤怒（Anger）。畢竟，對於大腦這個執勤單位來說，紙終究是包不住火的，事實會自然地溜進情緒中樞，誘導出脆弱感，進而引起憤怒。說到這，實在是完整地解釋了為什麼我聽到第一位講者講述「愛與人的無知」會悲憤不已，因為我太替聽過所有故事的主角們感到悲傷了，我太過於把自己的感受投射在這些破碎而在社會上堪稱「折舊」的人兒身上，尤其年紀更小的時候接收到的，早已遠遠超過我可以消化理解的。

因此我順勢走到了第三階段，也就是談判（Bargaining）。當時我的脆弱與無助迫使我做出破格的動作，目的只是為了重新在現實中獲得控制。衝上前去，提出質疑與破壞，試圖與狀況中的權力者做交易……當然，那時候什麼都沒有改變。

因此以極快的速度，我踏上了悲傷旅程的第四階段，抑鬱（Depression）。高中時期老師就說過，這個字眼將會在接下來的二十年間被廣泛地運用，雖然社會對於許多病徵、病症、病識感都增強是絕對有益的，但現在看來不免讓人感到有夠諷刺。何止廣泛，根本氾濫。

不過悲傷旅程裡的抑鬱分成兩種，若我們正視之，其中一種真正的需要，並非被拖拉出來曬太陽，而是需要獨處或是由可信任的人安靜陪伴，讓人帶著私密細膩的情感，與逝去的關係過往say goodbye。

另一種悲傷抑鬱偏向的是意識到損失與關係成本被剝削的恐懼感，往往我們稱之為遺憾。像是《比悲傷更悲傷的故事》電影中，K跟Cream彼此之間永遠在繞圈圈的那種無奈，也有點像是電影《真愛繞圈圈》裡的Rosie跟Alex勾勾纏卻總是錯過的遺憾。這一階段若是我們懂得尋求專業幫助或身旁有好友家人的安慰，的確會比較容易脫離。

我在這一階段的經歷，除了狂奔回家大哭寫筆記本抒發之外，真正比較強烈的感受就是在被好姊妹切割之後。大量地抑鬱感受耗費我許多時間消化。我找好友、長輩、前輩闡述深刻經歷到的失去、恐懼與憤怒。爾後，當然在大量moral support幫助之下，我慢慢地離開這種被拋棄的傷痛。

我進入最後一個階段，接受（Acceptance）。

不論無奈地、歡樂地，或苦甜與共地，「接受」都會帶來相對平靜的安穩，在對於發生過的事上不會再有強烈的情緒波動，甚至終有一天可以強韌到從中學習，並進化成更有耐受力的人。

在與她切割的過程中，我感受到被拋棄、無助，有時還會有一點罪疚感。但後來我也只能被迫接受她不喜歡跟我做朋友的事實。不論我如何如何地願意改變自己，又怎樣怎樣地欣賞她真實的樣子，在她的認知中我已經是過往的友誼。

我是捲好線的風箏，方才那陣風停了，我在一片寂靜內等啊等，風再也沒有吹回來。

今天要聽：
〈成全〉——劉若英

生命中的漣漪

持續上課的我，從同一位講者的課程聽到了提過數次「畫界線的藝術」。就他的觀點，人類應該以自身為圓心出發，畫出如漣漪般外擴的人際關係圓圈。圓心不只是自己，還有你生命裡的「核心價值」與「核心信念」。

信念，指的是不容易輕易偏移或被改變說服的觀念，這和容易搖擺變動的相信或信任是不太一樣的。例如：我相信走斑馬線就不會被車撞，即使我還是被車撞到了，也開始不那麼信任斑馬線的安全性，但是我對斑馬線被設計來保護行人這功能的信念並不會改變，過馬路還是會走斑馬線。

圓心向外，「第一圈」承載的應該是你自己與一位最重要的人。

在結婚前是與你情感連結最深的一個人，婚後當然就是配偶。這有點弔詭，因為華人社會教育中，父母兩位的地位總是齊頭式平等，彷彿單單把其中一方擺放在第一圈就是對另一方的大不敬，但事實上，人類能夠發展出最深切關係的對象真的就只有那一人。即便是父母，也會有情感連結特別深刻的一個孩子，反之亦然。當然，不用在特別界定媽媽最重要之後，去告訴爸爸你把他排在第二或第三圈，做人還是不要白目比較好。畢竟，畫清界線的目的是管理關係，並非在關係中削弱親密感。

有位打扮時髦幹練的姊姊在課堂上直接提出問題，舉手說：「那孩子怎麼辦呢？對我的孩子來說，我是他情感連結最最深刻的人，我的第一圈可以只放老公，那小孩呢？放哪裡？」

哇！這題好難答，坐在右後方，我聽得大粒汗小粒汗，畢竟這是一個非常挑戰權威原則的題型。提問的她眼神中有一股強烈的武裝防備，彷彿時空瞬間轉換到沙漠酒吧前兩位對峙的西部牛仔。她一手撫著槍柄，一手扠腰緩慢又謹慎地向後轉身……一、二、三、回頭！舉槍！瞄準……咦？人呢？只見講者不疾不徐輕鬆地開口解釋：「如果在家庭關係中，跟妳情感連結最深的不是你的配偶，那家庭關係走久了也會發生彼此剝削、綁架、限制等各樣問題。因為……」他引用公視熱播熱議的戲劇做最終解釋，「你的孩子不是你的孩子。妳可以是孩子的第一圈，但孩子不該是妳的第一圈。」

時髦姊姊沒有回應，靜默點點頭，故作鎮定地低頭開始翻閱筆記本，看是隨意找了張空白頁瀟灑地動起了筆。

講者繼續。

「第二圈，是有血緣關係的人或至親好友，也就是兒孫、熟稔的親戚，與幾乎天天聯繫的友人或情人。」

啊哈！孩子就在這第二圈啊！我在座位上低頭偷笑，難怪剛剛牛仔沒有看見對手，牛仔根本不是沙漠的對手，對峙這種遊戲沙漠看多了，三兩下就讓牛仔撲了個空。

接下來，我邊聽講邊在筆記本上一連畫了好幾個圈圈。

「第三圈，是認識會偶爾相約交談的一般朋友、同事、員工及朋友的朋友。」

「第四圈，是認識、會打招呼但不熟識的人。」英文有個好可愛又直接的說法「Hi-Bye Friend」，例如：朋友的前女友、過年那位連稱謂都不記得的後輩，或陪爸媽三節送禮遇到的辦公室主管。我手上的圓圈越畫越大，把在腦海想過一輪於我有份的人兒都填進一二三圈。

基本上，第四圈以外包含的人越來越多，但根本都是與我無關的人呀……隨著人名越來越模糊，我心裡不免鬆了一口氣，又感到一股空虛寂寞。因為**原來我只需要take care前三圈的那為數不超過百人的族群，而我卻花費大量時間滿足三圈以外的各種期盼**。

「第五圈，是不認識但因緣際會處於相同環境的人。」

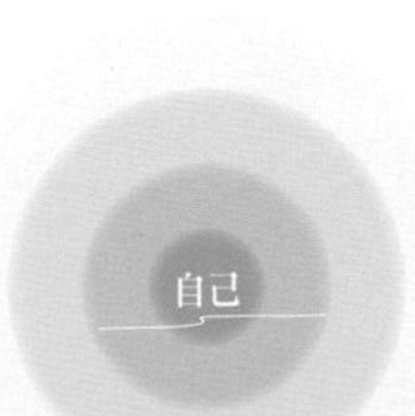

乍聽之下是不是很困惑呢？別擔心，你絕對會很驚訝原來每個人的這一圈都有好～多～人～啊！

前年我飛了一趟美國參加高中學妹的婚禮，千里迢迢，懷抱滿心祝福與期待，到現場見證美好的幸福。那樣浪漫的氛圍裡，我坐進了貼著我名字的用餐席次，桌上擺放美美的粉紅玫瑰、金色復古餐具，簇擁我的是……滿、滿、一、桌、不、認、識、的、人！基於成功社會化的人格發展，我們彼此自我介紹試圖拼湊出關係重疊有共鳴的部分。

「我是新娘的學姊。」我率先對旁邊穿白色絲質襯衫的少婦打破沈默。

「喔～妳好、妳好。」她彷彿期待已久，指向一旁也客氣笑著的男伴同時把嘴裡的烤雞迅速撕成兩半邊嚼邊說：「我們是新娘的同事，不過我們部門只有三個人啦！」

「我是新郎新娘的大學同學！」挨在我右手邊的ABC男生開朗地搭腔。

我轉頭看向在座的各位：「喔……你好，第五圈的朋友們你們好！」喂～我當然沒有那樣說，但我想我們都已經徹頭徹尾明白什麼叫作「不認識但因緣際會處於相同環境的人」了。

「第六圈，是世界架構裡與你擁有相同標籤或價值觀的人。」跟我共享標籤的例如：聽S.H.E.與楊丞琳長大的粉絲、致力於女力發展的女生、獅子座、星二代……都是素昧平生但有機會可以迅速建立連結的對象。

「第七圈（幾乎已經不是圈圈了），是與我八竿子打不著這個宇宙的其他一切萬物。」還有需要舉例嗎？像是，遠在天邊莫三比克的市長、義大利米蘭車站的吉普賽人，或是此刻正在閱讀此書的您的二叔公。

從圓心出發的每一圈都比上一圈離我更遙遠，**設立界線的重點並不是把不重要的人推得更遠，而是把重要的深愛的人拉得更近、抱得更緊**。同時，理解畫清界線的藝術也可以幫助我們思考，對於某些人或某段關係付上代價的意願和設立停損點的機制。

那一刻，我終於明白了，我明白她離開我的原因，也明白我為什麼需要替這段失喪的友情悼念如此之久。我很愛她並且把她放在我生命的第二圈，我的快樂傷心，我的獲得失去，我的未來曾經，我的豐碩貧瘠，我與她分享一切。意味著我把一個傷害我的權利交在她的手裡，與她交心，代表我願意因著相信承擔把自己交出去的風險。這樣的權利如同考生的那一紙試卷，鐘聲響起，一旦交到監考老師的桌上，一切命運就都取決於對方。

我忽略什麼了呢？我忽略了她的圓融讓她無法像我如此直接地表達自己的感受和需要；我忽略了她對於事業上的發展有自己的見解，而跟我討論純粹是想抒發情緒；我忽略了我在她的世界裡如浪花慢慢地漂流從第二圈向外蔓延，直到有一天她決心把友好的權利收起，然後剛好忘了通知我。對她來說，我從頭到尾根本都不重要。

今天要聽：
〈Stay With Me〉——EXO Chanyeol & Punch

人際關係如潑墨山水，有濃淡深淺

後來，我還意識到「人真的永遠都無法改變人」的事實。人充其量只能改變制度、概念與文化，但當我們開始妄想改變人，我們就等於是在期待某件事情或某句話的發生可以撕裂對方原有的樣子並進行大改造。那該有多痛啊！所以我們只能向內鑑察自己的心。

這段友誼的斷裂，讓我深切看見自己在關係上的單一頻率，我對待朋友總是只有零或一百、非黑即白，一旦把對方看作是重要的朋友，就一股腦兒把他堆放在第二圈，還期待他可以也把我放在如此重要的地位上。而當灰色地帶不存在，我就很可能讓對方痛苦，很可能讓對方感覺不被尊重，甚至感覺沒有選擇的自由。畢竟不是所有人都有辦法如此絕對、如此機械。此時那討人厭的「責任」就開始了它的重頭戲。我必須為自己的所作所為負起全責，所以當我不選擇在關係上設立健全的界線，我就勢必得扛下咎由自取的責任。

有了這層體悟後，大概持續半年以上，我把和朋友們相處的自己變成了沈默寡言孤僻內向的角色。我不再人笑大鬧，我不再對大家說的話、提的議表達任何看法。我卸下康樂股長的身分，在團體中不停向後退，偶爾我希望再也不要有人看得到我和我的不知所措。我傻傻地從零開始往上加，像個怪胎在零和一百之間努力找平衡，希望可以讓我的存在好端端地自然而然。

說起來，我以前實在是個很硬派的人啊！

就如此這般持續把自己壓縮到最小最少，沒想到一段時間後，我居然獲得了更多更真切親暱的好朋友。他們在我身邊看見我努力調節自己，好像一台剛安裝嶄新恆溫器的冰箱。我不希望自己原有的功能把食材凍僵，我也不希望我該達成的任務因此萎縮失效，所以更用心練習有意識地自我改革。

我向朋友們私底下表達歉意，因為我過往的模式或多或少曾傷害到他們的感受。我學會向他人受傷的感覺道歉，即便每個人受傷的理由不盡相同，即便有些感受不好的原因令人匪夷所思，但感覺沒有對錯，只要對方有表達出來就是他真實的感覺。在我在乎的關係中，我選擇相信他的感覺比相信我的對錯判斷多很多。

這過程老實說不太容易，可是朋友們開始向我敞開表達他們的需要，包含聽來有點疼痛的「Sandy，我現在不需要妳的意見，我只需要妳了解接納我的感受」，我得學著閉嘴，學著靜下來聆聽對方真正想說的話，學著接受其實很多人要的只是被接納包容，他們不一定需要辦法幫助他們離開現況，因為他們不一定想離開現況，要不要離開、該不該離開、能不能離開也都不是我的責任。他們開始向我訴說他們看見的我的變化，也開始表達他們和我相處變得輕鬆自在，因為他們知道，這一刻的自己沒有「meet my standards」的壓力。

我在這半年間終於真實明瞭，為什麼當年那位外國講者會毫無顧忌地回應我對他堪稱侵門踏戶的自殺式攻擊。

首先，我在他人生中還真的就是第五、六圈以外的人，未曾謀面、萍水相逢，距離他把人生管理主權交在我手中，還差得遠呢！我對他說的任何話語、評論、意見……他無需有任何情緒感受，也的確可以像灰塵般輕拍落地不留一絲痕跡。再來，「妳怎麼想都與我無關」原來是毫無攻擊性、健康界線的產物。因為他完全不需要為我負責任，他清楚自己在台上分享講述的是什麼，絕對不可能開放界線，讓所有人的意見都由他來調解說服，況且，他明明有因為我感覺不舒服而向我道歉，是我在情緒之中忽略了。

///

約莫又過了兩個多月的週六下午，我和朋友們在說笑中意外遇見她，她想也沒想向我快步走來，突然給了我一個緊緊的擁抱說：「對不起，我不是故意不理妳的。」

我的眼神從驚訝、閃爍、迷惘，到終於對焦在和我一樣錯愕又驚慌的朋友們臉

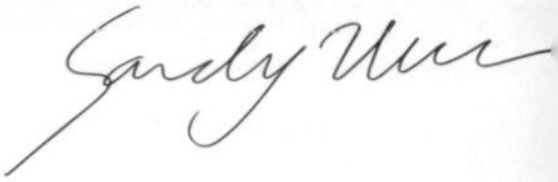

上，連句話都來不及說，她倏地一把抓住我的肩膀向外推，在我們之間拉出一個可以講悄悄話的空間，帶著招牌溫暖微笑，用晶亮泛淚的大眼睛直勾勾看著我說：「Sandy，我們再約喝咖啡，好嗎？」失去判別能力的一刻，人好像只剩下搭腔的功能，我來不及思考就儀式上「世紀大和解」了她。

「好啊！」

天知道，我根本不喝咖啡。

今天要聽：
〈大人中〉——盧廣仲

認清是破碎後最美的重生

真不敢相信閨密的故事還有後續，因為有那段時間的學習，我和她相處的模式已與過往大大不同，對於赴約，我不再勉強自己，有空再說，想去再答應。對於談話，我不再事事都發表想法，聽她說完，不提供意見參考，取而代之的是足夠的情感支持。或許如此相處對她而言是特別適切舒服的，相約的時間也開始變得頻繁，可對話內容總是少了一些姊妹之間的細膩親密，她常會約我去她喜歡的咖啡廳聊聊創業的進度，或說說工作上人脈不足的困擾。

有一次，她提到不知該如何請藝人替她的商品曝光行銷。

我沒多想，回答：「妳可以直接打電話給期望合作的藝人窗口洽談啊！」

「可是，我創業，根本沒有預算啊……」她嘆了口氣看向窗外。

天灰，雨剛停。

「那或許妳可以預備小的sample做成試用禮盒寄給他們，附上小卡片還有商品的DM讓大家認識妳的牌子。通常藝人收到禮物都會願意幫妳發文曝光呀！」就我所知，我據實以告。

「那妳可以幫我找願意的藝人嗎？Sandy，妳才認識藝人啊！我誰都不知道。」她轉身全神貫注地望著我，已經側身到膝蓋可以碰到我大腿的地步。

「我……可以試著問看看大家願不願意幫妳啦……但我不保證喔！」其實我也才進圈子幾年，哪有什麼人脈可言，也就尷尬地答應幫她詢問看看。

隔天，剛好是《小明星大跟班》的錄影日，我客氣又不好意思地詢問遇到的所有藝人，願不願意幫忙創業中的朋友，沒想到所有人都一口答應，甚至還在電話中幫忙找了總共六十位的藝人要替她免費發文。一天之內，我居然獲得了六十個地址加電話，還被大家的互相幫忙感動到生出了莫名使命感。我火速把所有資訊在錄影空檔統整成文字檔案傳給她，提醒她：「Sample與DM要盡快預備好，大家都在等貨到喔！」

Sandy Wu

沒想到接下來，每週錄影時間一到，我就愁眉不展。大夥兒都因生怕錯過而詢問商品寄到了沒，她卻對我所有的關心訊息已讀不回。偶爾，她會回傳一兩句「抱歉抱歉！設計師正在趕工」，或是「商品delay了要再等一陣子喔」。

居然就這樣經過了兩個月，六十位藝人中沒有任何人收到商品，更別說任何善意訊息了。她再也沒有接過我的電話，我只好不斷跟藝人們尷尬道歉。直到某天，跟我熟稔的另一個姊妹歐三特意打電話給我，叫我不要老是雞婆管別人的事，我才恍然大悟這當中發生了什麼事。我的好朋友，我如此喜愛而欣賞的好姊妹，我以為破鏡重圓的她，原來不停向其他人傾吐心聲：「我創業那麼辛苦，Sandy還要我預備六十份免費的商品送給她的藝人朋友……我根本不相信做那種業配會有什麼回收啊！可是你看她連藝人名單都給我了啊……」

欲哭無淚，啞巴吃黃連，哀莫大於心死，都是從同一個人身上學到，也是不容易啊！回頭看這四、五年的關係，走到最後，竟是硬生生地體會人家真的沒有要把妳當朋友，我雖有傷卻滿心感謝。因為她的特殊案例，讓我理解為什麼我們人需要花力氣去了解畫界線的藝術，也終於學會在經歷一段失去的過程中如何療傷，或是與自己的悲傷共存。

世界上多少傷到見骨的人，他們的心有多破碎，他們的感受何等委屈，我無法一一細數卻已然明白，每個人都有義務和責任去陪伴自己走過悲傷的五個步驟，也都有權利深刻體驗悲傷，再勇敢地畫清界線。

在一、二圈中，讓愛你的人得到你更多回應與幫助，讓你愛的人更被你愛。其他的一切當然不能只是忽略不計，畢竟三四五六七圈外的每個生命都有與你的時空交集而生出更多連結的可能，雖然不需要因為沒有滿足他們而感到內疚，但我們也要知道如何在不認識的時候尊重他們，認識且珍視對方時保護自己，了解生命中的各樣關係並畫清界線當然只是第一步，執行上絕對非常困難也需要智慧，持續提醒自己正確管理優先次序，才能擁有更健康的生命。

今天要聽：
〈不難〉——徐佳瑩

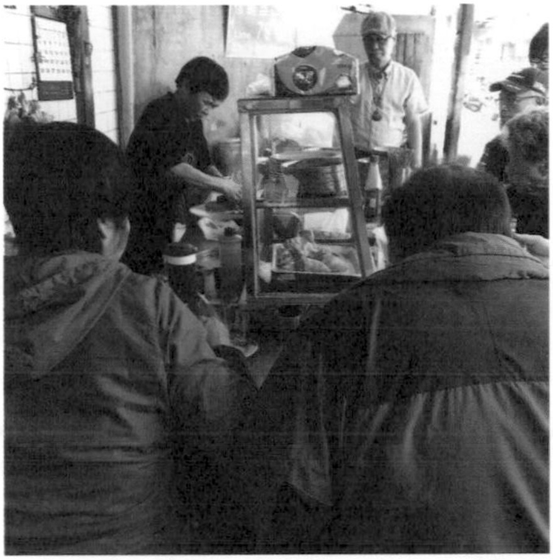

Chapter 2

男女平衡更好

男人自以為是的孔武有力，
比不上女人的冰冷強韌。

我彷彿恣意地成了精明聰慧的女權主義者。
直到我意外理解到「男女平等」這回事，
案情並不單純。

女力變革的延伸題

近代社會對於性別權利積極挺身而出，使女權發展迅速，越來越多以女性為出發點的活動、機構、刊物、群眾……都竭力爭取更明確、更精準的男女平等。

過去君王制度頌揚女子「無才便是德」、「男尊女卑」，但十八世紀起，女性意識逐漸萌芽，從「有無思辨能力」開始定奪「人生而平等」的權利，主張不分男女都可在法律保護下受教育，且具有競爭力和各樣才能。同時，許多思想家提出資本主義、階級制度、傳統社會文化都是導致女性受壓迫，應該廢除的劣根。

各式多樣化且無法整合的概念，乃至今日仍在奮力抗爭中的男女同工應同酬，皆在歷史演進過程中大大地刪減了性別上的欺壓與不平，並逐漸發展出現今的女性主義。

我受教育的年歲中，有一半都是在美國修習。長年浸泡在女性主義高漲而自由的進步國度之中，整體社會對於女人所應有的權利，已經小心謹慎到風聲鶴唳的地步。

媒體、文化和課本都充斥大量Woman Power的結構，雖然不時仍會有歧視和打壓的消息傳出，但大部分環境上的變異改革已然成形，我自然也被訓練成為那樣崇尚女力的一員。

聰慧伶俐、成功有為的女人被我視為成長標竿，而為家庭犧牲奉獻甚至放棄夢想的女性，我竟也開始變得排斥反抗，不敢恭維。有時強烈認為她們沒有發揮天才，可惜了過往為我們奮鬥的姊妹們，隨意地在社會上允許男人佔上風。彷彿紅磚牆角的雜草為那一絲絲生存空隙掙扎讓步，卻不懂得如老樹盤根打破限制與藩籬，在生硬之中啃食出一條路來。

我觀察到越來越多優異的女性在各種表現上強過男性，她們除了在社會上站穩腳步、擔任要角，在感情中亦開始強勢而獨立，不再像以前讀過的言情小說「霸氣總裁俏祕書」那樣梨花帶淚、嬌弱不堪一擊。許多新興名詞開始登場，像是草食男、魯蛇、媽寶，這樣的社會變遷讓我莫名長出了對男人的厭惡和輕視，甚至反映在我面對追求者的心態上。

升大學前我返台過暑假，因緣際會認識開服飾店的建蘭阿姨，她聒噪開朗且非常喜歡從談話中剖析人。驕陽似火的天氣配上她炙熱的眼神，我和她交流總是不小心汗流浹背浸溼衣裳。沒幾次見面，建蘭阿姨就提起她有個大我三、四歲的兒子，希望介紹我們認識。暑假返台實在也沒什麼朋友，我自然就答應了。幾天後，她便派兒子來接我，說要帶我去看看電影吃個飯。坐上車去餐廳的路上，他播放著重金屬搖滾樂，在此起彼落的吼叫中試圖對話不成就算了，不過二十出頭的年輕男生車上身上全都是濃濃古龍水混合芳香劑的味兒。

漸漸察覺不妙之時，他突然把音量轉小，竟然開始對自己的外貌暢所欲言地誇耀起來。

「以我的外型來說，其實很多女生會倒追我啦！」他專注看著前方馬路輕輕挑眉毫不害臊地誇口，「我媽都知道啊！」

「是喔？」我沒掩飾詫異，轉頭認真看看他。傍晚街燈如此昏黃，除了他整齊的油頭閃閃動人，我都不見他有什麼特別驚人之處。

「對啊！主要是我媽說妳適合我，不然我也不會約妳。」他速速瞥了我一眼，停紅燈，前車右轉燈黃黃的一閃一滅打在他臉上像在警示什麼。

「我是認識建蘭阿姨，我們不認識，你當然不可能約我吧……」我挑出他的語病當作第一次的反擊。這傢伙的自信到底是哪裡來的？開口閉口都是媽媽，像是皇帝今夜翻了我的牌子一樣要我感激萬分。

「跟我出來吃飯其實算妳很幸運，」他看我咕噥也沒什麼回應，逕自延續自吹自擂，「還好我今天沒排事情，不信妳問我媽啊！她是看妳乖乖的……」

「呃……你可以靠邊停一下嗎？」我打斷老王賣瓜冷冷地問。

「咦？妳暈車嗎？不可能吧？我媽說我開車以年輕人來說算穩的欸！」幸好他照子也放得亮，馬上在下班時間車水馬龍的和平東路靠邊停下。

秒速拆掉身上的安全帶，我捏著自己的包包側身看向車外說道：「請你幫我跟建蘭阿姨說一聲，謝謝介紹，我有事先離開了。我也會打電話跟她說一下，謝謝。」

甩上車門，我踩著御姊的步伐、用女王的態度朝車陣反方向頭也不回地走去。用力擤鼻，想把滿腔怒火和擾人的化學香料一併趕出我所有感官。

這次與媽寶交戰，耗費比較多的是人際關係，後來建蘭阿姨就從我的世界消失了，也不知是好是壞，但確實加深了我對軟男、媽寶的負面刻板印象，也對於女人可以酷帥獨立的強勁力道更增添佩服。

面對示好的男性我開始偶爾產生排斥，覺得人生的大小問題，我們女生都可以作主解決，覺得男人自以為是的孔武有力比不上女人的冰冷強韌，覺得對女性健康發展來說，男性已經可有可無……我彷彿恣意地成為了一個精明聰慧的女權主義者，直到我意外理解到「男女平等」這回事「案情並不單純」。

我的存在
本來就
值得青睞

今天要聽：
〈荒唐〉——A-Lin

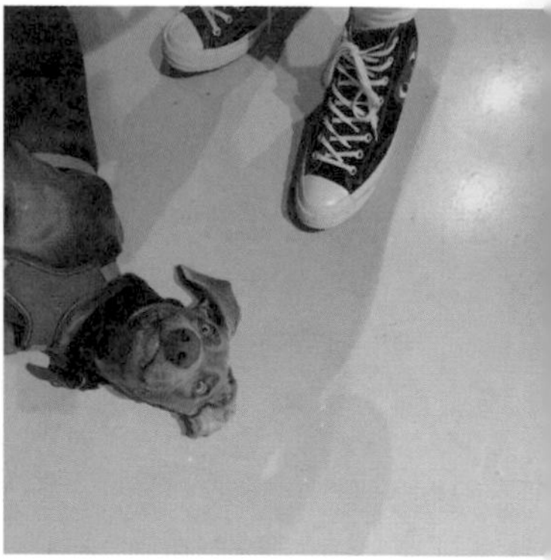

男人女人，一樣無可取代

我對於男女平等的研究不夠深，但身為這二分法世界的相對複雜那群，對於男女平等一直都抱持本該如此的態度。

《犀利人妻》的謝安真、《延禧攻略》的魏瓔珞、《那年花開月正圓》的周瑩、《沒關係是愛情啊》的池海秀……各個都有能有才有本事，在愛情、事業、人生爭取自己所屬的一片天，這樣的劇情往往可以有利於女性群眾的同仇敵愾、沆瀣一氣。

直到我在一個私人餐敘聽一位離婚獨身多年的女性長輩感慨地說：「其實女人的角色跟男人一樣重要，這終究是無可取代啊……」她約莫耳順之年、蓄短髮黝黑烏亮。在高級燈光下，襯著高級的憂傷說話。

那夜，我兜到她身旁順勢聊了一夜，彼此有了初步的認識，凌霄阿姨便成了我的忘年之交。幾次相約相談，我也得以窺探她似是而非的堅強與背後成因。

「不是一直都這麼光彩的……」她常說。

凌霄阿姨不高，走在炙熱的陽光下，像是一個神祕靜默的影子。她笑起來很可愛，略略帶著矖斑的顴骨彷彿也跟著俏皮的張望。我在她各樣物品之中看懂了她的昂貴。她是有本事昂貴的女人。愛馬仕公事包裝著三支手機極不輕省地躺在羅威錢包旁邊，彷彿戰亂時期的電報，滴滴答答叮叮咚咚響個不停。

「全世界都在等我回訊息。」她說。老實說，起初跟她相處很是讓我困惑。她的堅強是一陣迷人的濃霧，懷抱一股強烈的捨不得。她捨不得別人難受、她捨不得別人缺少，對晚輩照護有加，甚至曾經自費讓忠鄉的外籍員工一家人去歐洲度假。

Sandy Wu

「妳陪我去餵一下狗吧！」那天我們吃完晚餐她自然地邀約我。我們驅車前往深山豪宅，蜿蜒靜謐森林般的路面，社區裡的燈是充滿距離感的溫暖，彷彿我們保持得夠遙遠，它才肯熱情歡迎來者。到了。車道上已經有台蓋著防水帆布的跑車，矮小身形應是不起眼，但殷紅車身在霧水下折射還是給人一股傲氣。車庫門開，另外兩台好幾百萬的房車與越野車瞪視我們，無情的眼神比冷漠還冷。

「哎唷，我兒子好久沒回來了。」橘色地磚映著黃光，她褪鞋進屋，腳步終於輕鬆踩踏，彷彿連呼吸都平順了許多。阿姨的兒子娶妻後鮮少探訪，這本是她要買給兒子的住處，但年輕人嫌離市區遠，方新婚燕爾已自立門戶，這便又多了空蝸牛殼一只。

「來吃飯嘍！」她向廚房暗處呼喊。櫥櫃裡擺放的是如高湯那般大的肉食罐頭，只見遠遠地，三、四隻大型犬衝向我們。來者熱情之至，是搖歪了尾巴的飢餓。

「妳每天都來這兒陪牠們吃飯嗎？」

她蹲在地上跟狗兒對話，沒聽到我的疑問。好長的時間，我什麼也沒做，耐心等待她完成今日工事。我偷偷觀察沈浸在溫馨氛圍的她，影子和影子的影子融在地上，一天之中只有這一刻最輕省，她的霧散了，剩下捨不得。

「有時候啊……」她說，「狗對你，比人對你還好。」

我直覺反應不敢多說話，就是鎮定地隨著她蹲下，假意地收拾空罐，想看看她的表情。起霧了，也有一點微風。我彷彿在她眼前看見一面紗，紗上投影著我所不知的過去。

「還好都過了。」帶著懼怕，我說。

她只回道：「狗永遠不會背叛你。」

這句話很簡單，很深刻，卻燙到我的心版都冒出煙，遮住更多視線，結露，落下大雨。

那夜，是孤單的極限。

其實我從未真正開口詢問凌霄阿姨的過往。

我怕承擔不起，我怕會過度憤慨，我更怕會認識另一個不想認識的她。現在的凌霄阿姨好好的，我喜歡她現在的樣態，忙碌而從容，雖然深不見底的孤單很濃，但她總會與我分享她人生的學習。出發點很簡單，她很疼我，這我永遠真真切切感謝。

她讓我知道世界真正該追求的，不應只是律法規章上的「男女平等」，更需迫切追求「男女平衡」。追求平等意味追求你我百分之百相同、你我可承擔的相同、你我強韌度相同，這些男女平等期待達成的，凌霄阿姨說「就是我們毀滅的原因」，好強烈的字眼，但我漸漸明白，她真正想說的是男女大不同，我們應該各就各位，就自己的強項與優勢去精進發揮，負責做好天生就「很會」的事。

雖然競爭激烈，但以現代台灣社會而言，我們都已經擁有平等的權利與義務，現在嚴重的問題卻是男女失衡，意指女孩越來越強，男孩越來越弱。姑且不論政治正確與否，就生物生存原則來說，動物生態圈本就需要不斷達到平衡才能避免族群滅亡，許多魚類就是有這種性別轉化的機制以保物種延續。當然，人類會隨社會改變的並非生育系統，而是整體荷爾蒙的變異。當經濟政治教育環環相扣，女人就業不只是權利，幾乎也變成義務的一部分，而高壓社會帶來的是雌激素的下降、睪固酮的上升，並且將整體人類帶向高黃體生態圈。

請容我強調，**我並非主張女人應該弱弱的，或是男人就應該很強，重點是如何取得平衡。**

男主外女主內是過往的文化傳承，男人天性為了狩獵養家，不僅較具攻擊性，在情感面也不會有太大的情緒起伏，他們較為理智勇健、衝動而目標導向，凡事以解決問題為重，結果論為主。

女人從一開始被設計出來就天性纖細敏感、注意細節、重視關係、言詞之間充滿高度思考分析，所以只要我們能善用這個天性，在每件事情上仔細觀察和吸收學習，不論是在什麼領域都可以有很好的發展，這就是女人強大而且柔軟的地方。

男人和女人，從裡到外完全不一樣。

「應該讓男人當Leader，我們女人當Supporter，這樣極好！」有次聽到這樣的話從凌霄阿姨這樣的女強人嘴裡說出來，我很是驚訝。

「怎麼會呢？女人如果很強不能當Leader嗎？為什麼只能幫助男人！」

「哎呀，妳想看看，如果妳是公司老闆，妳會找比妳有能力還是比妳弱的人來幫忙？」

「當然是比我有能力的啊，比我弱的找來不就累死自己了嗎？」

「是啊，所以女人當Supporter不代表我們無法當Leader，而是我們連輔助的角色都擔任得很好呀！我們處理事情比較會看見男人看不到的盲點。一群男人開會永遠都找不到重點，總是哇啦哇啦紙上談兵，什麼合作生意都沒有細節。以前我帶記事本去，回來還是一行行空空如也。我以前也很生氣啊！覺得男人對話空泛無用，但我後來知道，男人啊，就讓他去衝鋒陷陣吧，他對痛感也沒什麼反應，讓他去上戰場，我們女人才是最終的軍師啊！我們負責思考判斷謹慎小心，像不像諸葛亮！」語畢，她俏皮地在空中比出一隻食指，測風向。

凌霄阿姨如此可愛，但從前的她就是不懂得使用女人溫柔的權利，工作能力強而盛氣凌人，在金融業擔任高階主管的丈夫回到家卻找不到自己的位置，在太太心中只剩下搬運日用品與繁衍的功能，自然在婚姻裡如有鴻鵠將至那般不專心了。

她在晚年才終於學會這簡單的道理，她教會我撒嬌，教會我溫柔，也教會我只有夠強的人才做得了Supporter這個原則。想起〇六年《穿著Prada的惡魔》的梅莉·史翠普與安·海瑟薇，又想起將近十年後《高年級實習生》的安·海瑟薇與勞勃·狄尼洛。

這個社會讓女人都活得很壓抑，展現出來的那面大都是假的。若在男女之中鑲上所謂肉食女、草食男、媽寶、御姊、女強人這類的名詞，勢必將隨著男女原有能力泯滅而失衡，說起來，有能力的我們既與有榮焉又感慨萬分。解鈴還須繫鈴人，是時候讓姊妹們開始動身跨步追尋男女平衡，活出真實面貌了。

今天要聽：

〈可不可以不勇敢〉——范瑋琪

世上一切，建立在「願意」二字

和凌霄阿姨斷了聯繫是在我回到台灣沒多久後。後來我時常想起她，想起放假時她送我去購物中心逛逛，要我逛完打給她，數小時後，卻是她提著替我添購的名牌包包笑著接我回家。她說她沒有女兒可以疼，所以看我就像自己的女兒那樣。她一頭彎彎短髮，開車時會反映街燈的昏黃或暖白，閃閃爍爍像是通了電的燈帶。凌霄阿姨總是不時興奮地詢問我要不要吃烤肉？還是想吃日本料理？我們這個山腳下有一家小小的居酒屋，還是阿姨帶妳去？吃飽再去逛逛？

我想起她在我滔滔不絕、比手畫腳敘述校園生活時，會輕輕放下手裡的木筷，微微側身、眼睛圓圓亮亮地專心聽。偶爾，我誇張地說了一些年輕人的流行用語，她還會咯咯笑出聲來，嘴裡複誦新學會的字句，然後回答：「假的~?!」（其實她想說的是「真的假的？」但她總覺得縮短了說比較流行）。

我很想念跟我說了好多好多的凌霄阿姨，因為她願意用自己的人生體悟教導那個年歲可能根本聽不進去的我。她讓我明白男女之間，若不懂得尊榮對方原本的特質，除了壓抑與苦痛，還會一起走向毀滅。確實，很多時候，我們甚至連最基本的了解對方的特質都做不到。譬如男人想解決問題的天性，往往會讓他們接收不到女人訴說的情緒與感受。

在男人心中，當聽到女人充滿戲劇張力並詳細地闡述今天在職場、在教養孩子、在同儕中……碰到的各種委屈，只會迅速轉換到「排難模式」，大腦裡的指令變得機械化：「你的女人像個水滾的鍋子！快！抓資訊、跳過贅述、找到癥結點、提出解決辦法、結案！」

沒想到吧！他的腦海裡真的只有想把火太大的瓦斯爐關閉的想法。

天啊！實在像極了卡通電影《腦筋急轉彎（Inside Out）》中，當女人發覺自己說的一大堆害怕、不安全感、怨懟、擔心……統統像是許願池的那枚銀幣，撲通一聲丟進水裡就再也沒有回音後，不難想像，她大腦總部的怒怒、樂樂、厭厭、憂憂、驚驚會多用力的群起失控展開發瘋攻擊呀！

纖細敏感的天性，讓女人猛然感到更高的焦慮、覺得自己的感受不被重視、覺得自己的能力被質疑、覺得對方不再愛自己、覺得對方只是丟出解決辦法想把自己打發走！各式各樣扭曲的錯覺自然而然地產生、發酵、發脹、起泡、最終大爆發……雖說只要是「感覺」都沒有對錯，「感覺」本來就是非常個人的主觀認知。不過當一方不斷找解決辦法想抑制膨脹的情緒，另一方則不停要對方接納自己的感受，許多男女在這樣的狀況下越溝越不通。

有次，我有機會參與某機構婚前輔導的訓練課程，受訓者必須和輔導老師一起練習陪情侶吵架。過程中，我得近距離觀察他們的動作語氣（非常近！一伸手就可以勾肩搭背）、記錄雙方表達的字眼，甚至必須適時打斷他們沸騰的對談、學習把話題拉回開頭的議題。其中一段非常特別又有趣的訓練經驗，讓我印象超級深刻，且即時地透過別人體會了溝通法則的重要性與困難度。

溝通的第一步驟，不是把自己的感受講出來，而是清楚表達議題並爭取對方溝通的同意。

「克民，有一件事和你與同事的互動有關，我想跟你談談，你現在可以聽嗎？」杜若開始了這次的溝通，她先爭取對方的同意，因為溝通最重要的是彼此尊重。

我知道，我知道，聽起來很荒謬。請繼續讀下去。畢竟我們正在做訓練，所以這對情侶被要求提出需要討論的真實議題時還算配合。

克民微微皺了眉頭便同意開始進行溝通。

第二步驟，極盡所能地跳過情緒、誇飾、腦補細節，敘述發生的事件和它帶出的感受。

「我注意到你經常會稱讚某位女同事眼睛很漂亮，這讓我**感覺難過**，因為我一直都對自己的小眼睛很沒自信，雖然你從沒說過我眼睛有什麼不好，但你太多次稱讚同一個女同事，**會讓我覺得自己是不夠好的。**」經過訓練的杜若鼓起勇氣在大家面前闡述自己碰到的狀況與感受。

這是相當合格的一段話，沒有過多激進字眼，沒有幻想出來的戲碼，也沒有用誇張形容詞表達自己的感受。我和輔導老師分別在筆記本中寫下評語就轉向神色略微不悅的男主角。

「……我不知道要說什麼。」他眼神遊移開始不自然地轉動自己的手腕。按著訓練手冊的教導，我速速鼓勵克民要複述杜若剛剛說的內容。這個動作在溝通中非常重要，一是讓對方知道你真的有在聽，二是確認你沒有在聆聽過程中加油添醋或誤會對方的意思。我講到這，克民深吸一口氣，語氣平淡、有點尷尬。

「我明白妳說我稱讚Diana眼睛很漂亮讓妳覺得我不夠愛妳，可是妳太誇張了吧？不過就只是稱讚而已，妳在那邊感覺什麼難過……」輔導老師倏地伸手按住克民的肩膀示意他先暫停發言，因為我們發現杜若的眼淚即將奪眶而出。

「剛剛杜若表達的是因為你頻繁稱讚別人她身上沒有的優點會讓她感覺難過，彷彿自己不夠好，這部分你有明白嗎？」老師詢問。

克民再度深呼吸後咬緊下顎點點頭，輔導繼續。

第三步驟，表達接納對方的感覺，表示歉意並詢問如何可以避免重蹈覆轍，達成共識。

「那……我……妳希望我以後怎麼做？」克民的眼神有些冰冷，不耐煩的神情讓我跟輔導老師互看一眼，感覺到場面很可能失去控制。

「我希望你可以不要一直稱讚Diana，然後多稱讚我一點。」杜若吸了吸鼻子，鼓起勇氣開口提議。她還是非常在乎，她還是盡力按著溝通規範走。

「嗯。好啊，不稱讚就不稱讚啊！又沒差。」克民攤開雙手與杜若對視。

「請問你願意跟她道歉嗎？」輔導老師鼓勵他誠心道歉，畢竟有意無意之間都已經傷害到愛人的感覺了。人與人之間再怎麼親密都還是有未知的地雷，除了在越靠越近的相處過程中可以先移除或避開部分雷區，可是多數時候我們還是會不小心踩雷。

為讓對方感覺不舒服跟對方道歉不代表自己錯了，而是代表我在乎對方大過於我個人的自尊。這是互相的。

「我又沒錯幹嘛道歉？」克民彷彿鐵了心沒要放下自己的尊嚴，「就已經說了以後不要稱讚別人就好了啊。」

杜若已經開始泣不成聲，「我很難過，你知道嗎？你根本不懂我的感覺……」氣氛也漸漸變得有點難堪、有點悲哀。

我竟在這一刻選擇加入戰局，客氣地再次強調道歉的目的並說道：「克民，你願意為無心傷害到杜若的感覺跟她道歉嗎？」（哎呀，沒辦法我在訓練中啊！）

「啊妳不就說了叫我不要稱讚她，因為妳會自卑啊！」克民的手勢多了，揮舞中彷彿替自己築起銅牆鐵壁。基本上，我們已經可以感知這次的溝通快要失敗了。

「對！我很自卑！我討厭你喜歡別人，我們都論及婚嫁了，你還在我面前稱讚別人！」

「我只是稱讚，又不是出軌，妳有病嗎？」

「克民，請你暫停一下，我們有點離題了喔。」老師傾身向前試圖擋在兩人中間，希望能稍稍止住戰火。

我也牽上杜若抓著衛生紙團的手想給她一點安定感：「我們倆先去旁邊安靜一會兒好嗎？」

「……我不要！」她狠狠瞪著克民，同時把我的手甩開。

「好，沒關係，那我們不用動作。我們先好好哭完再……」我正想接續安撫她。

「劉克民！我不要結婚了！你根本不愛我！」杜若起身奔離現場，留下呼吸急促的克民，無奈的老師，還有嚇壞的我。

溝通其實常常就卡在這兒吧？我想。其實他們就差那麼一點點，再互相多願意一點點就可以到第四步驟：感謝其中一方願意表達、感謝另一方願意聆聽，溝通達成。

克民與杜若沒多久就分開了。原本應該是要輔助他們進入婚姻的我們，雖然感到惋惜，卻也替他們開心，因為進入婚姻之後只會有更多、更複雜、更難以啟齒的情境，讓溝通難度翻倍增高。而連在交往階段中，對方感受不好都不願意道歉，想必未來走向痛苦與分離也是在意料當中。

老師在這段訓練過程前後跟凌霄阿姨說過一樣的話。她說：「世上的一切都只建立在『願意』兩個字上。只要願意，什麼都有可能，什麼都好解決，可一旦不願意了，死拖活拖、哭天搶地也只是互相傷害而已。」

對我來說，失敗的溝通經驗人人都有，老師教的溝通四步驟讓我受益良多，在各種關係中每每試圖溝通都會派上用場，我相信其實是做得到的。在經過這幾個事件的經驗之後，我反覆忠想，想出了一個好簡單的「願意理論」，直到現在這刻我還是努力奉行，深深相信。

今天要聽：
〈你要的愛〉——戴佩妮

Sandy Wu

吳小姐的願意理論

最開始雙方都願意，
在美麗的泡泡中找尋一種和諧，
好呀沒問題好呀我可以好呀為了你。

然後摩擦力漸強，意願漸弱，走到最後，
這些改變和妥協成為一種不便，
情感戛然而止。

原本都好容易好輕鬆喔，
怎麼會好痛苦好麻煩呢？

因為我們都不願意了。

目的不同，終點改變，
方向移轉，對象就不會對。

這世界上，沒有「The One」。
你找不到「那個人」，
你只能找到那個「比較少磨合又比較多包容」的人，
而且你最好對那個人來說也是這樣重要的存在。

這很不容易，比找到「The One」還不容易，
因為這樣的願意很少，
而且沒有「一好還有一好好」這種事，
所以當你碰見跟你一樣願意的人，
要珍惜。

今天要聽：
〈I Choose You〉——Sara Bareilles

240

Chapter 3

沒辦法不去愛

先把日子過好，才能過好日子。
至於那些
存在於青春不懂事的日子裡的男人……
沒關係，就是不懂事才叫作青春吶。

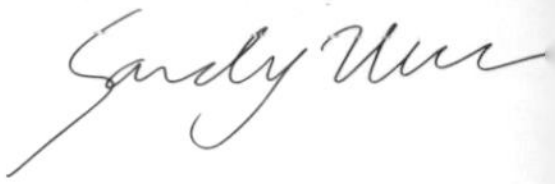

最嚮往的愛情模樣

身為時興浪潮之中的新新人類，在被各大雜誌平台採訪的時候，時常被問到對於許多萬年不變主題的看法，譬如愛情。

對於愛情，我鮮少公開討論我的看法，因為……誰知道呢？我又不一定是對的（笑）。不過我從幾個印象深刻的愛情故事裡見證了一些有趣的過程，讓我總是有看法可以分享，讓編輯們也都滿好做事的，哈哈。

有一次，雜誌編輯問我有沒有最嚮往的愛情模樣？我馬上想到的就是維倫和夏瑾的愛情。

維倫，是我在美國念書的時候認識的一位泰籍腦科手術醫生。他和同樣泰籍的老婆夏瑾育有三名子女，生活非常優渥，兩人卻都為人謙遜，在地方上和社交圈幾乎可算是德高望重。他們的二女兒和我年紀相當、就讀同校，頻繁往來，我常常受邀到他們家的豪宅作客，因此就近觀察到一段特別少見的婚姻。

還沒搬到美國之前，夏瑾是村裡有名的美女，烏黑茂密的中長髮，白皙纖瘦，身材極佳，一雙圓眼笑起來像兩顆香甜的櫻桃，細緻的鼻子下一抹笑容清麗可愛又有點靦腆，在當地一片深邃混血輪廓中特別顯眼與眾不同。年輕時的維倫呢，個頭嬌小，目光雖專注精明，眼睛卻細小相距甚遠，扁塌的鼻梁上架著厚重的書呆子鏡片，臉型短而寬、牙齒像糯玉米粒粒圓胖卻擠在一起，總之，就是再怎麼找褒義詞都還是只能形容他外貌相當無害。

當時，他倆就讀同一所中學，維倫總是全校第一名，木訥而實事求是的個性，讓他人生中從未因為什麼感受亂了陣腳，直到他遇見漂亮可愛、說話輕柔又人緣極佳的夏瑾，一見鍾情拚命追求。

後來，維倫以榜首之姿考進美國華盛頓大學醫學院，並再度以第一名畢業，成為腦科手術醫生，帶著夏瑾成家立業相知相惜。

有一次，他們的女兒和我正在寫報告，夏瑾經過我身邊拿了盤水果，體貼地說要給在二樓書房忙公事的維倫。

「媽，正妹應該是讓爸端水果給妳才對，他其貌不揚，平凡無奇，哈哈！」女兒戲謔地說。

夏瑾皺眉笑著說：「妳怎麼這樣說妳爸，他有他很棒的特質啊！」

「爸哪有什麼特質？妳認識他的時候，他就是個窮苦的書呆子，他浪漫嗎？」

「他不浪漫也不是高富帥，但他是我最好的朋友，而且對我非常尊重愛護。」夏瑾輕聲回。

「尊重愛護能幹嘛啊，這樣的愛情很無聊吧？」女兒似乎想挑戰媽媽的底線。

正巧維倫下樓往廚房要找水喝，夏瑾給女兒眼神示意要她噤聲，把水果雙手奉上給維倫。他看了一眼順勢接了盤子就往廚房去，拿出保鮮膜封口後，打開冰箱，就把水果原封不動冰好了。瞬間，我們三個女生一陣大笑，引起維倫的注意。

「發生什麼事了？老婆？妳們在笑什麼？」他一臉詫異。

「我親愛的……老公啊……」夏瑾手摀嘴還在不停呵呵笑。

「噢我的天啊！爸，那是要給你吃的！你怎麼就是不懂一點浪漫啊！」維倫笑笑，恍然大悟，走向太太恭敬地跟她說：「真抱歉，我沒注意到妳的用心。我現在吃不下，晚點我們再一起吃，好嗎？」

二女兒超美式地翻了個白眼要我繼續低頭寫報告，空間裡回復安靜，可是這段可愛的互動在我心裡揮之不去。我不免開始思考到底是什麼可以讓兩個各自優秀的人願意在婚姻中三十多年依舊相敬如賓、彼此客氣？是什麼樣的狀況下，一個絲毫不懂浪漫的年輕書呆子可以打動全村最美的女孩？是什麼讓彼此都在溫馨中感覺幸福安穩？

著名的耶魯大學心理學教授史登堡（Robert Sternberg），在一九八六年提出廣為人知的「愛的三角形理論」，是目前被普遍認為對愛情研究得最完整的理論。當中提到長遠深切的愛悉由三個缺一不可的要素構成：**親密**、**激情**與**承諾**。

從我認識這個理論後，就常常偷偷將身邊朋友的愛情拿來吻合，看看是否準確，結論當然是肯定的，史登堡將三項要素分居三角並由此彙整出八種感情組成。

喜歡：只有親密元素，彼此接近互相分享，屬於好朋友之間的友愛關係。

迷戀：只有激情元素，屬於一見鍾情、暗戀，雙方可能毫不認識，容易陷入幻想中。

空愛：只有承諾，卻缺乏親密與激情，彼此關係如媒妁之言、相敬如冰。

無愛：沒有任何元素，大部分陌生人的人際關係或表面關係。

浪漫之愛：有親密與激情，沒有承諾，關係不穩固，不在乎天長地久只在乎曾經擁有。

愚蠢之愛：有激情與承諾，卻沒有親密，短期相處沖昏頭進而閃電結婚或者奉子承婚，例如「你給我一夜，我給你一生」。

友誼之愛：有親密與承諾，但缺乏激情，即便結婚多年卻缺乏彼此的吸引力。例如，「經過大風大浪，我們是最佳拍檔，只是沒有愛情。」

完全之愛：擁有愛的三元素，能使兩人彼此堅定委身又擁有浪漫之愛。

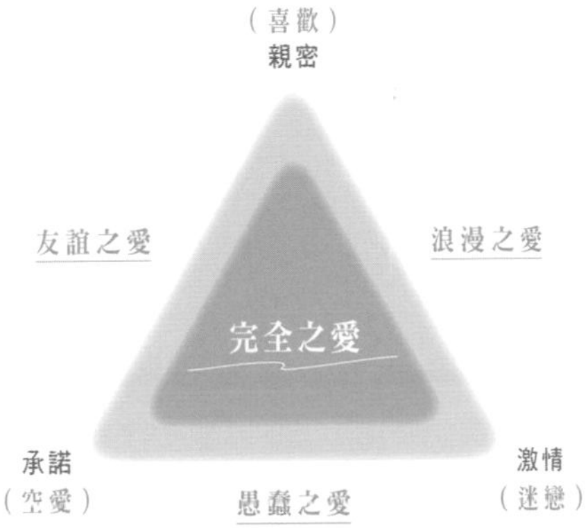

在我觀察中，維倫和夏瑾的愛情，包含情感上的激情、友誼的親密，更有彼此尊重的承諾。我的認知是「愛」是犧牲奉獻，也是充滿勇氣與責任的「決定」。愛不該是輕易可以說出口的詞彙，而是需要經過深思熟慮後付上代價的重大選擇。所以我相信沒有所謂「適合的人」，只有「比較少磨合的人」；沒有「命中注定」，只有「負責任的決定」。雖然真愛並無法征服一切，可我想是因為有那股「願意」建立在這愛的三元素基礎上，讓兩人互相退讓、互相理解、互相配合。雙方勢必得在過程中正視現實中各種問題：價值、宗教、政治、教育、家庭等，以上觀念都要能夠「願意」彼此委身，方能走過半甲子仍然穩固緊密。

感情中，若更多的苛求自己去妥協於愛不下去的部分，就可能跳過深度溝通或面質的過程，而當彼此不夠敞開，生命中的問題就會自然沈澱，最終卡死在層層疊疊的謊言之下。何時會爆炸？會用什麼樣的方法反撲？我們都沒人說得準。當現實壓力擴大、時間被迫壓縮、甚至一味幻想對方總有一天會變成自己期盼的樣子，那單方面不停退讓或將就的委屈感終究會將兩人都傷得體無完膚，怎麼有可能愛得下去呢？

我嚮往的愛情是兩人相互吸引、相互尊重又可以一起成長、一起玩樂的好夥伴。夥伴是不會拋棄彼此的，愛是沒有合約關係的，婚姻是沒有結束時間的盟約，一旦踏入婚姻，在合情合理的合法狀況下，委身於彼此並共同成長，一起享受人生，可能才是愛情最夢幻的模樣。

今天要聽：〈無條件為你〉——梁靜茹

PALESTRO
VIETATO

不合腳的鞋，總有一天要脫掉

很多女人會為了穿上限量設計師高跟鞋搶破頭，硬是削足適履，即便尺寸不對、版型不順、款式不搭，都還是願意一腳塞進小號尖頭鞋。看似漂亮高調，但明眼人一瞧就知道那內裡的歪七扭八才是真的。

我有位朋友的女友蕙蓮，她總是一臉小媳婦模樣被使喚出現在大家面前，再可憐兮兮地被打發離開。

有次約唱歌，大夥兒酒酣耳熱，我始終如一不喝酒，眾人皆醉我獨醒，永遠享受地觀察這一包廂的男男女女，有沒有酒精都能催化出drama來。那天，我看她翹著腳靜默坐在一盤水餃前，一首首熱門歌曲點播，她頂多晃晃腿，眼睛若有似無地望向各處，卻從沒真正看著什麼，我忍不住湊到她身邊攀談。

「嘿，妳還好嗎？」我問。

「沒事呀！」她微微笑，試圖隱藏一臉生分，侷促不安。

「他怎麼老是來了才打電話叫妳來，妳來了又不管妳啊？」包廂太吵，我靠近蔥蓮的耳朵想說清楚自己的話，一抬眼卻看見她圓圓的臉在哭。

淺聊後才知道，她書都還沒念完，他們已經交往半年多，男生是我朋友的朋友，在聚會場合總是幽默大聲，魅力十足，頗有宇宙中心的樣子。對方大她七歲，酷勁帥氣，對她一見鍾情，追求時雖然頤指氣使也總是接接送送。他彷彿是她看見世界的窗子，她的日子不再只有北藝大的校園，還有哥兒們、夜店、平日捨不得吃的餐廳，以及另外一種生活圈。男生交遊廣闊，帶著她出門走在週五晚上的東區像在拜年，到處都是認識的人。

蔥蓮不是內向的女孩，可談話內容說來說去，總是打不進那些兄弟們的圈圈，他們是酒肉朋友，他們的女友一個月換過一輪。說起來，蔥蓮算是留下來挺久的了。講到這，她驚呼一聲，倏地起身向門口跑去。男生醉了，一個踉蹌摔了下去，她攙扶洩了氣嗚嗚懨懨的男友去吐。清潔、整理、慌亂、鬼叫、照護，他最後推了她一把叫她滾，就在沙發上睡下了。大家都對這樣的情景習慣了，速速恢復生氣，鬧烘烘地開唱：「不只逆風我們逆天。」

「他喝醉亂說話，等等就會醒了。」她居然邊解釋邊坐回我的身邊，也是挺可愛的。

「嗯……」對蔥蓮，我總是忍不住有股心疼。「妳為什麼要跟他在一起？」我老是覺得那樣的場合適合談心，因為噪音擾人，說的話好像被屏蔽保護了一般。當燈光昏黃，人也都會以為自己是隱形的。

其實，蔥蓮儘管不是什麼大美女，但身子高、皮膚白，也會打扮，算是相處起來舒服的女孩，感情根本還有很多機會，況且還是個大學生。

「我……沒辦法不愛他。」她身上的黑色洋裝在蹲站坐之間掐出了褶子，聚酯纖維混雜酒精、香水、廁所的漂白水味，讓她聞起來好狼狽。

「什麼叫妳沒辦法不愛他？妳很喜歡他嗎？」我刻意喝起自備的水壺擋住自己的視線，希望可以讓她說出真心話。至於為什麼想聽真心話？我就是想知道（笑）。

「我也不知道喜不喜歡……他這樣對我，我還願意付出了，應該就是愛吧！」溫水順著食道進了喉頭，她說的話也就一併被我吞嚥下去，久久無法消化。

後來，他們倆吵了個一發不可收拾的架，又打了場無法一言以蔽之的冷戰，蒽蓮就再也沒出現過了。不知道她是自己想通了還是被甩，又或許她是某日終於耍了脾氣卻下不了台，還是真正有辦法不愛他了。

每每想到蒽蓮我就一股後悔，後悔那天我沒有好好抱抱她，難過我沒機會跟她分享剛申辦Instagram時在個人資料那段座右銘寫的：「愛是一個決定，喜歡是一種感覺。」當時追蹤人數極少，我可能也不是真的想跟世界說什麼，純粹只是記錄對我來說非常重要的一句話。但我真的很想向她說，其實喜歡是化學反應，這個感受確實是無法控制的悸動。他對妳的世界如煙花，爆裂聲響中眼目

絢爛，在夜空裡斑駁，在心裡震撼。妳忍不住被他吸引，忍不住朝他的方向看，忍不住夜裡他傳訊息要妳立刻出門時重新化了妝、上髮捲、趕出門赴約。

徐佳瑩的歌曲〈你敢不敢〉，葛大為的詞活生生上演。

你的電話／我還是接了／你約見面／我還是去了
你傳的晚安／我照常回了／你敢不敢／愛一個人／如此卑微

真愛不只是一見鍾情，人與人之間的激情終將消散。

很多少女少男的愛情被戲劇媒體催化出一種期待，認為對方會一直讓你怦然心動，永遠讓你緊張到無法呼吸。仔細想想有這樣的狀況明明就是很可怕的。況且若真的修成正果還要隨時隨地有過度換氣休克的可能……太令人疲憊了吧！

另外，總是抱持著一見鍾情的期待，也很有可能讓你錯過在身邊和你懷抱相同夢想目標、可以一起努力為瑣事找到解決辦法、和你相當合適的對象。

「等待一見鍾情」或「在一見鍾情裡執著」是迷思也是幻想。因為我們只是愛上對方展現出來的表象：他很帥很美、他很會穿搭身材很好、他好的時候對我很好（？）……但喜歡是會消失的化學反應，愛是需要負責任的決定。就像我們不可能永遠都喜歡自己的兄弟姊妹，想想吵架大罵互嗆的時候，對方有多討厭多刺眼，但一般來說，家人是不會願意貿然做出放棄愛彼此的決定的。

同樣是一見鍾情，夏瑾與蒽蓮在感情中的自在與卑微落差如此之大，因為前者努力地走到了「決定愛下去」的那一步，兩人一塊扛起了責任；後者見微知著，不斷苛求自己用更多的付出換取「被愛的感覺」，卻只會獲得稀巴爛的自己。

所謂「沒辦法不愛他」只是因為她不願意作做不愛他的決定呀！何苦？

不過，說這麼多，這其實也就像男人會為了潮牌球鞋徹夜不睡、漏夜排隊、門開投籤、抽中燒錢一樣。說真的，在感情這融合理智與感性，激情與承諾，親密與磨合的過程中，合乎道德狀況下，如何選擇沒什麼對錯，更沒什麼不可以。只要你自認有本錢，尖頭鞋或潮牌鞋愛怎麼過過癮都沒關係，重點是請別痛到自己。

在關係中沒被好好對待，就跟穿了尺碼不符的鞋一樣，愛自己就一腳踢開吧！

今天要聽：
〈爆炸的沉默〉——郭采潔

Peace

被制約的小象

我掛掉電話，把握得燙手的話筒重重摔在棉被上。我把自己用力拋向兩顆枕頭中間的縫隙，悶住臉面和雙耳，放聲尖叫，開始啜泣。不知道是第幾次感受到心如刀割的疼痛難耐，我的頸項因為用力過猛而爆出青筋，肩胛骨周圍的肌肉也像是真空袋裡的秋冬衣物不斷向內壓縮，令人苦不堪言。

床單和枕頭套之間的小小宇宙如火場般越來越炙熱，空氣也越來越稀薄，可是我一點也不想抬起頭換吸一口涼氣，倒不如讓我氣死算了。

那通跟黃楊講了近兩小時的電話讓我憤怒不已，原因無他，就是聽見她在電話那頭客客氣氣地開場，問我有沒有空可以聽她說說話？她那太詭異的氣若遊絲，讓我也顧不得正在整理的房間，便莫名其妙聽了一齣真實上演的八點檔。

黃楊長我幾歲，是個觀察細膩、體貼入微的女孩，面對交友上的進退通常都能抓得住自己的一把尺。相處之中發現她很會隱藏自己的情緒感受，也幾乎把身邊人都安排得妥貼，但每次當我刻意想聊到她的內心世界，她就會自然開啟螢幕保護程式，意圖以Windows那種幾顆泡泡晃來晃去的方式轉移她封閉自己的實情。

我回台那年認識她時，在她身邊的是個兒高但腦袋有點不靈光的徐江彥。他們交往的時間比我在國外的總年數還長，將近十年。這離鄉背井在外地工作生活的十年中，他們相依為命，彼此照應，互動之間的默契與兩兩互助的流動，順暢到讓我歆羨不已。

在我眼裡，我以為感情穩定就是這個模樣，也是我以為的「妳裡有我，我裡有妳」所謂「星星知我心」的形狀。

當他們突然分手的消息一出，在我們朋友圈中引起不小的漣漪和風波，因為其中幾個人分別從不同地方得知這十年內徐江彥從沒停止背叛和出軌過。十年間，他一個接著一個，除了幾次出差結交的新伴，不但有幾位互相認識，甚至還有黃楊朋友圈內的女孩。

連續一週，黃楊一天拆一個驚喜包，面對身邊朋友們的兩肋插刀，義氣相挺，面對他們的「我真的看不下去一定要跟妳講」……她心底受了重傷。

那是她第一次撥了電話給我，邊啜泣邊片段組裝手上的第二第三手消息，我越聽越詫異，面對我以為的完美愛情如此不堪，也只能先試圖讓黃楊冷靜下來。

「他們說……徐江彥出差去澳門和菲律賓都有帶人回來……居然有照片……」

「楊～妳乖，靜下來，不然妳一直哭，我不知道要怎麼回應妳……」我完全可以想像她滿面淚水鼻涕橫流的模樣。

「……嗯……」濃濃的鼻音包裹著從胸腔擠壓出來的抽泣，既壓抑又哀傷。

「怎麼會這麼誇張啦……妳都沒有發現嗎？」敏銳如她怎會一絲一毫感知都沒

有呢？

「姍……我，我是不是個白痴……」

「妳是啊！妳注意到了對不對？妳不願意承認而已……」我以她總是封閉故我的性格大膽假設，這覆水難收的慘況，鐵定是因為她在面對感情上的可悲，陷入了鴕鳥心態的躲藏之中。

疑問方才說出口，她便從嗚嗚嚶嚶的啜泣變成嚎啕大哭，我猜中了。

「啊……我是白痴啦……妳知道嗎？那個沈廷婕還是我介紹的！」噢，又多了一個名字，我根本不知道要怎麼規畫接下來的對談，反正談什麼都沒有這些八卦赤裸精彩。

「她也有?!乖啦，妳先去洗把臉！這太瘋狂了……我陪妳好好聊聊，好嗎？」

「我問過徐江彥好幾次，他都說沒有……我相信了嘛……他說得出口我就相信啊！」顯然，黃楊完全沒在聽我說話。

「被我抓到那次……他……他，跪下要我原諒他，姍……我原諒了，我只能原諒……他為什麼要這樣對我啊？」她的尾音越來越上揚，開始有點歇斯底里。

「那我們就不要再繼續下去了，好嗎？我們快刀斬亂麻，不要拖了，妳快搬出來，不然這樣太累人了。」聽著自己的好朋友被這樣欺負踐踏，還消耗了十年的時光受盡折磨，我心疼不已，油然生起一股想保護她、替她衝鋒陷陣討個公道回來的俠女心腸。

我劈哩啪啦說了一堆自以為是的大道理想好好勸勸她，甚至對她說了這樣的故事：「以前有一隻小象，被人用麻繩綁在木樁上，每次只要小象試圖掙脫逃離就會被鞭打、電擊。久而久之，小象的生活只剩那麻繩的半徑圓周，哪兒都去不了。後來，當小象漸漸長成大象，即使單腳輕輕一推就能把木樁踢倒在地，卻從來沒有嘗試脫離那條綁在腿上早就斑駁鬆脫的麻繩。因為牠的經驗告訴牠，所有的掙扎都無謂又痛苦，也渾然不覺牠早已成為雄壯威武的猛獸。」

我苦口婆心告訴黃楊別像那隻小象在感情裡迷了路，忘記自己可以自由無需依戀、忘記過往的容忍並無法磨滅受傷的經歷、忘記徐江彥終究只是好習慣好習慣的一根木樁。

面對背叛自己的十年伴侶，我勸黃楊別幻想有一天他會回頭、有一天他會被妳改變、有一天他會痛改前非。我說，我堅信人永遠無法改變人，所以就算妳心有千千結，也不能把自己綁死了杵在原地。妳要珍惜自己！

黃楊像是任督二脈被打通了一般，在悲傷中鼓起勇氣告訴我，她再也不要任憑別人傷害自己了，再也不願意把自己交給不可靠的人選了。

我默默紅了眼眶，並口頭上支持她，「我相信妳。我相信妳會保護好自己。等妳的心修復好了，未來有認識新對象什麼的，我們都可以幫妳看看。」我因為黃楊對我的傾吐而歡喜，我認為她肯定是相信我能給她一點安定感、肯定感與親密感，才打了那通電話。

可惜他們倆分手之後，我們並沒有如預期般變成更親近熟稔的朋友。

今天要聽：
〈我比誰都清楚〉——陳曉東

誰在妳摔傷的時候托住妳

過了好一陣子，我與黃楊再次相約餐敘。她笑嘻嘻地介紹了言剛恩給我認識。「我們在一起幾個月了。」她的臉頰不時泛著一抹嫣紅，很可愛很好看，所以即使心裡犯了嘀咕，我還是默默微笑示意給了祝福。

言剛恩專職插畫與陶藝，卻衝突地喜歡各種戶外運動，莫名將自己的一身藝術氣息曬得黝黑，算是讓人想多聊聊的人。幾次碰面下來，我對他那有想法、成熟又有些幽默、擇善固執的性格也終於算是卸下心防，願意信任他會把黃楊照顧好。

至於黃楊，完完全全忘記上次電話裡跟我最後的約定。哎呀，談戀愛嘛……有痛過應該就知道會好好選擇了吧？我也就草率地忽略了。

又經過了幾年交往，黃楊搬進言剛恩的家，他倆也去了趟美墨之旅，我們都偷偷猜測，旅程回來後，就可以把黃楊給歡歡喜喜地嫁出去了。沒想到，時隔多年，我又在一個半夜，第二次接到黃楊哭泣的電話。

「姍……妳睡了嗎？對不起，我……我……吵到妳了。」

「怎麼了？發生什麼事了？」

「姍……我……現在在建國北路上……他，他剛剛趕我下車……」

「言剛恩？怎麼可能？那他人呢？你們吵什麼？」

「嗚嗚嗚……我好痛苦……我一直好痛苦……」

我想不起來黃楊那天是怎麼回家的，只記得我一路陪她講電話直到她手機沒電。

故事大概是這樣，自從搬進對方家中，黃楊自然而然地擔任起小媳婦的角色（她在感情裡一直是這個角色），安排妝點打掃擴香，無一不盡善盡美。住宅典雅可愛，各處擺放這對情侶一起參加三鐵比賽、一起泳渡日月潭、一起登山健走參加路跑的大小獎盃獎牌，愛看書的兩人還有滿滿好幾摞文學小說跟兩個一大一小懶骨頭悠哉癱在地上。

那是他們愛的小窩，是她努力經營維持，家以外的家。

但是，不到一個月，言剛恩就開始偶爾在工作室過夜。黃楊同時赫然發現他的家人居然就住在正對門，言媽媽還會趁兩人不在，時不時開鎖翻找垃圾桶，再大言不慚地說：「我要是沒進去看，都不知道妳給我兒子吃泡麵。」

幾次希望換鎖卻溝通無效，只因言剛恩說他爸媽有幾件大型物品放在這邊的儲藏室，怎麼可以讓長輩不方便？黃楊開始害怕自己在家的日子，老是想著對方父母親都有大門鑰匙卻從不提前說要拜訪，自己活像個時時被舍監查房的考生，卻只能忍氣吞聲。

讓黃楊更灰心的是一次在餐廳與言爸言媽的交談，時值總統大選期間，言爸爸對政治的狂熱已經達到隨時可激戰一番的地步。黃楊小心翼翼地避開政治話題不談，卻還是被揪出來質問：「妳下個月投票要投誰？」言爸冷不防開口詢問，黃楊眨眨眼看向男友，卻發現另一雙相同銳利的眼神。

「呃……言爸，我不夠了解啦……還不知道要投誰欸。」黃楊自然是丟出妥善的藉口試圖自救，卻意外掉進眼前這對父子的批判地獄。

「剛恩，你沒有教教她嗎？」言爸言媽邊冷冷地詢問邊低頭吃附餐米布丁，一口接一口把好不容易成形的融洽磨蝕吞下。

「有啊，哼，她就政治冷感啊，有什麼辦法？」言剛恩平常真的也不至於會這樣，但面對成就極高的冷漠父親，他社經地位不足的感受就像一塊新立的牌位閃閃發燙。英文有句話叫作「read the room」，意指對於現下環境氛圍的觀察理解。黃楊周到地開始試著塗銷空間裡逐漸堆疊的尷尬與責備。

「不是啦，剛恩你講那麼誇張～我都在聽你說啊，你比較懂嘛！」她再看向戴著細框眼鏡威嚴而難親近的言爸說：「我只是最近比較沒注意新聞……」

「新聞那麼大，每一台都在播，妳還可以沒注意？藍營綠營出來選的是誰，我看妳根本都不知道！」

黃楊切切咬下反駁的話，希望可以好好把這話題做個總結。

「言爸，不管到時候哪一黨選上，只要祝福執政者可以做好，那就好了呀。」

語畢是用力堆積出來的微笑。

「胡說八道！世界就是充滿妳這種對政治不聞不問的無腦年輕人，我們台灣才沒辦法往上爬。一天到晚只會追劇、崇洋媚外，只想著把自己打扮漂亮就好，妳的腦子有使用過嗎？」

「爸，她就是這樣，又蠢又不想長進……講到嘴角全泡沫也沒路用啦！」

批判人的嘴是充滿尖刺的長鞭，帶著倒鉤把人的血肉撕扯得稀巴爛，剛恩的眼神是后羿射日的劍，劍尖塗上猛烈劇毒，咻地刺穿黃楊的心，拔也拔不出來。

伴著黃楊的哭泣故事講到這裡，我早已勃然大怒，氣憤難平。為什麼不反擊？為什麼不說？為什麼不逃跑？

「我不敢。我怕沒人愛我，他不要我，我能去哪裡？我在台北沒有家，我自己一個人要去哪裡……？」

「自己住不代表妳沒有家啊！單身也不代表沒人愛妳啊！」

「我已經很努力了啊，姍，我那麼配合。我放棄了派遣升遷，我放棄了姊妹們的日子，我放棄了自己，我那麼努力……他上次跟我吵架的時候居然對我大吼：**Shut up! You fxxking bxxxh!** 姍……我沒有他那麼會念書，我沒有他爸媽那麼高階，我只是一個雲林上來台北的女生，但是我聽得懂什麼叫 **Fxxking bxxxh**，我好生氣，為什麼我要聽懂英文……我討厭英文！」

「他真的太過分了！吵架也不能這樣說，好嗎？狗眼看人低！」

「我什麼都以他為優先，我不敢告訴他我受不了了……」

「楊……妳的優先次序出了問題啊。人生，優先次序比一切都重要……先愛自己才能愛人。妳不知道先照顧好自己的身心靈，才能照顧好一個家嗎？我好心疼妳。妳永遠那麼面面俱到，把所有其他人都安撫得服服貼貼，那妳呢？妳的情緒感受、妳的需要呢，妳所有委屈受傷的日子，誰來照顧？誰在妳摔傷的時候托住妳呢？楊……妳的拚命忍耐要跟誰交換？交換來的愛，不是愛。」

黃楊，我的好姊妹，她感情裡的慣性是壓低了姿態去滿足迎合所有要求，除了

Sandy Wu

被完美掩飾的膽怯，更大更深的情緒是一股恐懼駕馭著她軟弱的性子。當對方連基本尊重都沒有，言語和情緒上的暴力讓她整個人脆化龜裂一片片剝落時，我氣那個男的這般蹂躪與他相愛的女孩，更氣她自己竟然也跟著不尊重自己。

我說：「親愛的，這某種程度上也是妳允許的，妳知道嗎？」

她問：「姍，我到底該怎麼辦？」

「請妳安安全全地收拾結束離開他，然後好好找到落腳的地方，先去挖掘自己的寶藏吧！」

我深深相信人一旦找到正確的優先次序，我們的心就會定下來，而心定了，才有辦法隨時知道心放在哪裡。你的心在哪裡，你的寶藏就在哪裡。

她電話沒電斷訊之後，我反覆思考這好幾年來我跟她若即若離卻緊緊相依的友誼，越想越生氣傷心，這樣的半夜沾染了她這樣的孤獨，我心痛不捨的同時，又有多慶幸至少截至這一刻為止我知道我要什麼。雖然可能跟世界環境周圍所有人替我希望的不相符，但我知道我要什麼。我要的不是透過被一個人擁有而存在，不是在自卑自憐之中被無法定義的成功追逐的女子，不是碎屑棉花和粉塵……我要的是斑斕的永恆。

我還想要黃楊即刻理解尼采所說：「高貴的靈魂是自己尊敬自己。（The noble soul is self-respectful）」，我想要她停止允許他人對自己的踐踏，也想要她好好梳理人生，把所有人事物與其價值各就各位。一切不再關乎學歷、背景、成就、信仰……好好運用世界上最公平的時間，把自己活好。就妳自己就好了。

今天要聽：
〈香草把噗〉——南拳媽媽

再傷，還是要相信愛情啊

好一陣子之後，再次跟黃楊聊起那段以淚洗面療傷的日子。

長達一年，她在多少苦痛中孤軍奮戰，被拋棄的感受強烈到掐住脖子的時刻，她選擇去攀岩、深潛等大量運動。只要回想到辱罵字眼、銳利眼神，還有被輕視的酸楚，她就更賣力工作，忘情於職場的時刻一長，也快速地被推上更高職權的位置。

她變得可愛呆萌，慢慢重新建立與朋友們脫軌的連結，也開始把心裡各種悶葫蘆的話揉捏成可以吐出口的仙丹。

「現在想起來鼻子還是酸酸的耶……」她躺上我的沙發，長長嘆了一口放鬆的氣。

「妳還沒走出來嗎？」我邊洗碗邊在水聲中與她接軌。

「走出來了，但我心疼那時候的自己。」

「嗯……太委屈了。」

「姍，我現在的優先次序很簡單，妳聽喔！」她坐起身來說：「人生就是佔了四十%的自己……二十%家人，二十%朋友，還有二十%工作。」

「咦……？已經一百%了耶！」

「對啊，我現在好喜歡自己，我好喜歡自己一個人開心過日子。」

「妳該不會再也不談戀愛了吧？妳如果孤獨終老要自己想辦法欸，我不管喔！」我抿嘴笑著揶揄地看看她。

「姍，再怎麼傷也不能不相信愛情喔！我把自己活成圓滿的百分之百，會愛我的男人就該用他健康的一百分來愛我，那種愛情才會為人生加分啊！」

黃楊已經跟以前不同，她社交談吐依然完善恰當，她面對陌生環境依然偶爾羞怯緊張，但她現在充滿一種難以形容的魅力，嗯……我稱之為智慧。

且容我再次引用尼采的話：「智慧的增長，可用痛苦的減少來精確衡量。（Growth in wisdom may be exactly measured by decrease in bitterness）」。的確，她現在真的好快活。

我跟黃楊一起懂了，這輩子永遠不會變的道理，那就是「先把日子過好，才能過好日子」。至於那些存在於青春不懂事的日子裡的男人……沒關係，因為就是不懂事才叫作青春吶！

今天要聽：〈沒那麼簡單〉——黃小琥

Way out
HOUNSLOW WEST
Wayout
HOUNSLOW WEST
HOUNSLOW WEST

Chapter 4

你認識真正的自己嗎？

一個人會生氣不管表面原因是什麼，
最終都和兩種脆弱感受有關：
一是「害怕未知」，
另一個是「害怕再次受傷」。

深淺不同顏色，各自美麗

如果要用顏色定義一個人，我覺得我是紅色或粉橘色的。但其實，我無法決定自己到底屬於什麼顏色，我的性格鮮明活潑應該是亮色系吧？我的理智卻讓我看起來有點寶藍……啊！有時候我很憂鬱，應該比較像是灰土色？這題好困難又好討厭。

國小畢業時，人手一張畢業紀念冊的四孔紙，各式各樣卡通、插畫、圖案，琳琅滿目、分發各人。從「我的名字」到「我的綽號」，從「代表的卡通人物」到「喜歡的顏色」……翻到背面還有一整頁留言板。男孩子們會大剌剌地畫上連續四個圈，寫上百事可樂，畫個階梯寫步步高升，或是長長一直線拼成的一帆風順。女孩子們就認真了，有的用擦擦筆，有的用彩色自動筆芯，有的還每個字都以不同顏色鋼珠筆興致勃勃地圈點起來。大家都填寫得相當起勁，彷彿只要詳細回答，就可以把自己的模樣刻畫在別人的心版上。

那個年紀嘛，總覺得畢業就是與大家完整地道別，不知道未來仍有可能相見，不知道國中還可能同班（笑）。

我手握零點三八藍色原子筆努力將字寫得細膩漂亮，可是往往越寫頭越低，越想越心虛。因為除了「我的名字」這答案乾脆清楚之外，我從來沒有個綽號，沒有可以代表自己的卡通人物，甚至沒有單一喜歡的顏色。花花綠綠的紙上留個空白總是不好意思，所以綽號那行我填上英文名字Sandy，至於顏色那題……我硬是想了這樣的答案：「除了土色都喜歡。」

正是那時候開始，我對顏色漸漸變得敏感。

還記得開學分班時，面對一班陌生同學的我突然變成一個安靜不說話的孩子。我的宇宙只剩下眼前的木頭課桌椅、桌上千古不變莫名其妙被設計來擺放一支筆的凹槽，還有高高豎起的耳朵。

話雖然變少，我卻對流行話題很好奇，依然超級專心偷聽大家講話。坐在我右手邊是新來的轉學男同學鄭鎮泉，他皮膚蒼白，髮絲直順，靠近透明膠框眼鏡的髮鬢參差不齊地岔在左耳上方。上課時他總像過動兒一樣左右扭動，一下轉身和後頭同學竊竊私語，一下撕測驗紙窸窸窣窣寫上幾筆，再丟到前方同學腿上叫他傳下去。即便我已經萬分努力想聽見老師說的話，還是不小心被鄭鎮泉自言自語式的包打聽內容吸引。

「欸吳，妳知道隔壁隔壁班的金玲嗎？」他手上正拆解著原子筆，沒來由地開口問。

「蛤？誰？」我悄聲回問。看也沒看我一眼的鄭鎮泉立刻接話：「金玲啊！校花啊，妳不知道？超正！」

我一臉狐疑轉頭看向他，搖搖頭。

「她們班今天下午第一節是英聽課，經過的時候我跟妳講！」

我點點頭便看回黑板，想著等等打鐘就要去抬便當了，我只想快點看到我的飯菜，飢腸轆轆的國小生專注都難，誰管他隔壁隔壁班的校花。

下午第一節課打鐘時通常還會有一半的同學趴在桌上，有的大夢初醒，有的還在熟睡。可是今天好多男同學居然都趴在窗檯上聊天，等著金玲他們班整隊經過我們班。

就因為鄭鎮泉那幾句話，連我都好奇了，跟著尷尬地站在前門，靠著木門框佯裝自在自得。終於，遠遠地走廊轉角隔壁隔壁班開始整隊，一群藍白色襯衫的學生竄動，變換隊形，開始往我們班走來，金玲真的完全不難認！才國小而已就快要一百七十公分的身高，天生帶著淺褐色的及肩直髮隨著步伐輕鬆晃動。

鄭鎮泉快步湊到我身邊。

「妳看妳看！金玲走過來，最前面！看起來像班長但根本不是班長的那個！」

她膚色像鴛鴦奶茶，笑起來居然有大人的溫柔婉約，內雙大眼睛笑嘻嘻的樣子，配上微微下垂的淡眉毛，卻有股清新自然的可愛。制服裙子下的一雙大長腿搭了好學生模樣的白色短襪與黑色皮鞋，我幾乎要覺得她身上有股異香……用顏色來定義她，可能就是一抹溫潤的嫩白色配上點點粉紅與討喜的粉紫。可是，到底為什麼有人可以國小就這麼漂亮啊?!金玲就這樣如夢似幻地走過我們班，皮一點的男生們呦呼呦呼亂喊叫一通，其他有的害羞默不作聲，有的靦腆揮手說：「金玲~嗨……」不給她當校花，還有誰敢當校花？

驚鴻一瞥之後，我跟金玲的認識原本應該到此為止，畢竟許多女孩是飛上枝頭變鳳凰，她那種天生長在枝頭的美女怎麼可能會跟我這種麻雀認識呢？直到我們國中意外在去補習班的捷運車廂裡遇見，她才第一次主動跟我說話相認。

相認之後，我們有段時間常一起吃咖哩飯，一起在下課空檔走路去買珍珠奶茶和生煎包。

碩大的南陽街上，我莫名其妙成為跟在仙鶴旁的土雞。她的突出襯托我的突兀，她永遠在收情書和姓名貼紙，她是紫薇，我不是小燕子，也不是金鎖，我是容嬷嬷。

認識金玲後，我發現其實她不是大家想像中的仙氣非凡，更沒有賢淑謙恭的特質，她在異性與大眾面前展現的，是獨有的優勢與一位受歡迎的人該有的樣子。她當然有可愛、討喜、外向、懂事的個性，每次補習遲到，她都會有一套新的說詞幫我倆脫身；也當然有聰明搞笑的樣態，她喝珍珠奶茶永遠都會不小心把封膜戳出一個大破洞，再爽朗大笑把灑出來的奶茶吸得乾乾淨淨。

跟她相處會發現她是亮晃晃的正橘色，鮮豔刺眼過目難忘。

可是，好幾個補完習搭上藍線捷運回家的日子，她會將情書一封封攤開，用嗤之以鼻的態度誦讀內容給我聽，再毫不留情地撕毀。往往，出站前，這些紙屑就會被撒落於站內垃圾桶。只有我看過她的不在乎和不屑一顧，沒有人會相信金玲有這一面。她會請男同學幫忙跑腿買大亨堡與養樂多，再趁大家不注意把熱狗吃掉麵包就丟了，只是故意讓身邊蒼蠅多浪費一點錢。

認識越深，金玲在我眼中的顏色越來越混濁，像在咖啡色與灰色裡加上金屬色的水彩，乍看之下光輝四射，稍加混合後只換得一攤洗筆水。因為金玲，我在無法用顏色定義的人生中找到好幾種特殊色，如同第一次發現色鉛筆有一百三十二色那樣，覺得自己好像多了好多種陌生用法和選擇。

幾個月後，我藉口疏遠了她，我實在禁不起透過我送情書的男同學們天天逼著我幫他們問個答案。我還是一枝只能裝上紅橙黃綠藍靛紫的陽春彩虹筆。

每個顏色都有我們想像、相信、以為……的樣子，長大的過程中，那個「除了土色都喜歡」的我，雖然習慣用各種顏色定義人，卻漸漸知道我們根本無法用單一顏色界定他人。每個人都有好幾個圖層，不再像孩提時代那樣是一塊純色。當每個人都慢慢加裝上色彩斑斕的圖層，再套用了最意味深遠的保護色後，辨識一個人的難度提高了，我們判斷眼前的色塊增加了遲疑與謹慎，甚至有時候感覺錯愕絕望。

就這樣過了好多好多年，入行後的某天，我坐在淺紫色的沙發上，跟幾位雜誌社編輯們討論我還是有用顏色定義人的習慣這件事。

他們熱烈討論了起來，她說她是深藍色，他說他是銀灰色，她又說「可是我覺得你是鮮黃色耶……」我聽著聽著突然悟透一個可愛的道理，不論我們有多少圖層，有多少色塊，有多少混合的過程與結果，我們都要有光才看得見不同深淺的色號，但是光會變呀！用不同的角度看不同的人，會有不同的學習與看見。

當時的金玲用她的方式存活堆疊，當時的我用我的邏輯亦步亦趨跟隨，沒有絕對的對錯是非，畢竟人嘛……色彩配上各式質地才能有美麗動人的故事可說，是吧？

今天要聽：
〈還是想念〉——家家

YOUR HAND

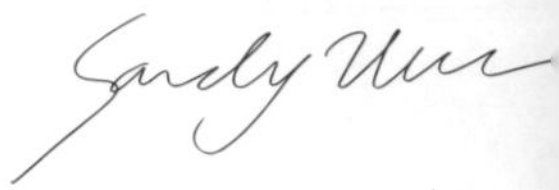

愛的相反，不是恨

大學一年級是我出國念書之後真正開始快樂的日子。高中時期的種種孤單徬徨在上大學後突然消失，除了學習累積知識與求生能力，也自然地開始透過交友來探索找尋理解自己。從朋友的口中認知自己的模樣，從同儕的眼光中看自己反射到社會上的形狀。我脫離了高中憂鬱期，重新找到生活的平衡點，開始跨步拓展交友圈。我曾經瘋狂地在校園內胡亂走著跟所有碰到面的人說話。

說什麼呢？我會講一個無聊的冷笑話：「Hi, so, a mushroom walked into a bar and asked the bartender for a shot. The bartender said, Sorry, I only serve to human beings. The mushroom replied, …but…but I am a fun guy (fungi)」*

不管對方反應如何，我都會燦爛一笑跟他說：「很高興認識你，我是Sandy Wu！」沒想到，雖然大家對我的印象活潑開朗、有點呆、有點怪、有點Fob

（Fresh off the boat，剛到美國的移民人士），我居然就這樣輕鬆交到許多親近的朋友：蘇瓦、圈圈、奇威、丹派、高高……

那時候，我開始確認自己是個有感染力的人，也漸漸發現不論先天具備或是後天訓練，「溝通表達」和「幽默感」都是我非常擅長的交際工具，可我也同時發現，不知道為什麼，我對很多生活上常見的價值觀碰撞無法輕鬆寬貸。

在群體中，我對朋友天生有種強烈的保護欲（甚至管束），我會盡力讓已經認同的團體能永遠保有安全健康的環境。我會叮嚀他們好好吃飯認真讀書，我會在他們碰上各種問題時用心聆聽給予建議，我會要求他們不要只是為了遊玩而亂勾選相同的課程……我活生生把自己當作生活秩序股長！連他們去參加house party，我都是負責清醒開車，一個個把他們平安送到家的代駕司機。

*註——此笑話中文直譯為「有顆蘑菇走進酒吧，向酒保點了杯烈酒。酒保對它說：『很抱歉，我只為人類服務。』蘑菇回答：『但，但我是個fungi欸……』」「fungi」為蘑菇之意，諧音近似「fun guy」，意指有趣的人。

同時，任何狀況下，有新朋友要加入我們，都得莫名其妙經過我的核准，即便我沒有硬性規定，也並非唯一的核心人物，大家卻會為了避免衝突或尷尬，先告知新朋友的來歷背景等。

我快速建立了一個微小卻極重要的友誼王國，他們甘於我的照護和支配，他們享受在我無聊規律而謹慎的泡沫中，或許當時他們也都還不知道自己是誰吧？

這看來極權的交友關係，竟也相安無事地度過前半個學年（現在想想也覺得驚人）。直到第三學期開學後，我們班來了我以前高中的朋友，夏瑾與維倫的二女兒：白英。

白英長得漂亮，家境優渥，備受關愛與關注。她雖有兄弟姊妹，但跟她相處並見識過她超自信、有想法意見、得理不饒人的樣態後，很容易誤以為她是獨生女。畢竟是高中時的玩伴，我自然毫無防備地讓她加入我們的群體，沒想到這一下倒是吹皺了湖面的平靜。

第一個淪陷的是個性內向害羞，卻突然對白英唯命是從的蘇瓦。雖然他本就好相處，但他卻完全忘記自己是有女友的人，搖身一變成了白英的超級工具人，在校園各處都能聽到他們倆令人咋舌的對話。

「蘇瓦幫我去列印。」

「好的，白英。」

「蘇瓦幫我吃掉吃不完的披薩。」

「好的，白英。」

「蘇瓦我不想開車，你載我。」

「好的，白英。」

一開始，我們猜蘇瓦是真的完全被美色吸引了，所以還偶爾會鬧他，笑他是白英的神奇寶貝或召喚獸。不過事情竟越演越烈，最後蘇瓦居然跟交往三年的女友分手了。

本來一直靜默、擔任旁觀者的圈圈看不下去自己兄弟如此扭曲的對待感情，特別約了大家想對蘇瓦好言相勸一番，但蘇瓦不但不領情，甚至跟圈圈起了激烈的爭執。身為生活秩序股長，那樣的場合除了把他們倆分別帶開，我也建議圈圈去跟明明也有男友的白英說一聲，希望可以建議她把男女界線劃分清楚。

荒謬的事情可能真的有一就有二吧？那陣子當我忙著孤獨地製作藝術學院的期中報告時，這幾位統統讀商科的朋友們，也就自然長時間湊在一塊兒完成entrepreneurship團體報告。

期中之後，大家相約學校娛樂間打撞球，當我抱著一大張比人還高的藝術展示板現身時，大夥兒都已經在玩樂笑鬧。打個招呼後，我看見蘇瓦非常正常地戴著耳機在打撞球，奇威、丹派和高高都熱烈歡迎我並順手接過我的作品，直到此時我才看見坐在旁邊沙發的圈圈，與坐在他腿上的白英。

我錯愕不已。

實在太錯愕以致我完全失去思考能力，直直走向他們問：「請問你們在幹嘛？」

白英倏地起身抱著我，並說：「Sandy，妳是我最好的朋友！妳會替我感到快樂，對吧？」

我不明所以地用超級疑惑的表情看著她。

「替妳，快樂？」

「是啊！我好謝謝圈圈喔！我上週跟男友吵架又碰上期中考，煩躁不堪也不想寫報告，都是圈圈幫我完成的呢！還好有他！他也跟我男友處得很好唷！妳看，是不是很應該替我開心呢？我生命裡有那～麼好的朋友。」

白英不知到底用了什麼巫術，第二個征服的是長達八年沒有交過女友的圈圈。

我實在無法認同這樣的價值觀和複雜關係，加上忙碌打工念書，漸漸和大家保持了一段距離。

／／／

W

Camp (v.)

友誼的末端，相當孤單。而最讓我疲憊的，是到我要回台灣前，這群朋友只剩下丹派與奇威沒有被白英牽著鼻子走。專屬我的**farewell party**上，白英當眾跟我說的一席話，更徹徹底底讓我明白何謂啞巴吃黃連，有苦說不出。

歡送會辦在我家，生活秩序組長本身其實還有擔任康樂股長的天賦，因此我精心設計了各種闖關遊戲，也預備了中西合併各式美食，想為美國念書的日子好好畫上完美句點。

當晚七點，依約到場的各位在我的帶領下快速分隊，進行遊戲內容，圈圈、高高和白英被分到同一組，丹派跟我還有奇威是另外一組，其他同學朋友也各自成團玩了起來。進行到拼圖關卡的時候，我們這組遲遲找不到最後一張線索卡，遊戲時間越拖越長，從玩心大起到飢腸轆轆甚至不耐煩，我們把整個家都翻遍了，就是找不到最後一張線索卡。

我愁眉不展，深深覺得遊戲的趣味性被卡關給銷磨殆盡，剩下要玩不玩的尷尬場面。就在此時，白英湊到我耳邊說：「你們那組最後一張卡在我這。我先找到然後藏起來了。」我心中一驚睜大眼，看向她：「妳為什麼要這樣做？

妳……為什麼要破壞遊戲規則？」

「又不會怎樣？這又不是真的人生，我們都在玩，不是嗎？妳幹嘛生氣？」白英用不以為意的態度回應後，把線索卡拋向沙發旁的茶几。

「我當然生氣，妳突然把大家的規則破壞了，讓遊戲無法進行也無法結束，那現在要怎麼收尾？」我的音量漸大。

丹派站到我身旁，拍拍我的肩後對她說：「白英，妳這麼做真的很無聊。為什麼要毀掉Sandy的派對呢？」

「噢拜託！你們都給我冷靜點！」她轉向我，挑起單邊眉毛，用關切的口吻說：「Sandy！妳知道妳不是世界的中心，對吧？妳應該清楚知道宇宙不是繞著妳轉的吧？」

丹派向來挺我，聽她這樣說也開始極度不悅地說道：「欸！妳才應該知道世界不是繞著妳轉吧？妳對朋友呼來喚去，一下東一下西，難道我們都應該替妳做事嗎？妳以為妳是誰啊？」

白英不是笨蛋，她忽略丹派轉而定睛在我這戰鬥力不足的臉上：「Sandy，妳從頭到尾就是個怪咖！妳難道沒有指揮大家照妳的規則走嗎？要不是我，妳這群朋友才受不了妳！我們來這個派對是高興終於要把妳送回台灣。妳要線索卡嗎？去撿啊！在那邊！」她指向茶几下的線索卡。

我人生第一次屏息僵化感官幾乎失能，或許，就是，那天。

蘇瓦刻意把電視音量轉大，我們才逐漸恢復活動力，像被碰到觸角的蝸牛慢慢重新與外界接軌。

白英眼見情況覆水難收，稍微調整了自己的呼吸，伸手牽住我說：「Sandy，沒關係，我們可以陪伴妳變正常。」

最好的朋友？陪伴我？變正常？

我到今天都還是無法理解這當中是不是有什麼誤會。

白英與我的關係，因為我與她父母親的融洽而被迫維持和平。當時那個年紀並不知道原來這叫作一山不容二虎。原來我們兩個不同性格、模式、態度的交友方式，都稱為不折不扣的控制狂。

白英從不允許任何人事物不合她意，她外型亮眼討喜，書沒有讀得像她爸爸那麼好，卻十足是個「people-smart」的公主。她為達自己的目的，早就訓練出說服人的高深功力，她很會顛倒是非，也很會讓人以為自己對她來說是最重要的存在。她會徘徊在各個群體之間，讓整個世界替她運作，某個程度上來說，她很清楚自己的能耐在哪裡，更知道自己要什麼。

On the other hand，我因為害怕任何事情失去控制，總慣性地清清楚楚設立界線。大家明明可以輕鬆自在生活的日常，我卻堅信有規矩必成方圓，不能空口說白話，任何計畫要有想法、說法、也要有做法，只要乖順地按部就班就一定能抵達目的地。殊不知，人家根本沒有什麼目的地，難道我就真的有目的地嗎？我想，當時的我只是想從學生生涯平靜低調、甚至無趣地安全下莊罷了。

控制人的動機不同，帶出的後果當然也大相徑庭。多年後，白英搬離華盛頓州，和大夥兒也幾乎斷了聯絡，而早早搬回台灣的我，卻到現在還是與這些同學經常聯繫聊天關心。

這不一定代表我是對的，畢竟我的恐懼造成身邊人的壓力是不爭事實，但至少他們後來耗費不少時間努力解釋，他們根本沒有如白英說的那樣看待我。老實說，我並沒有勇氣去面對這段關係的起伏飄渺，我只會躲，遠遠地躲藏。

搬回台灣後，我的噩夢裡滿滿都是白英，我會在夢裡用極其暴力的方式攻擊她，我在夢裡對她的所作所為尖叫怒吼，如英國工業革命時期的老舊蒸氣火車爆炸式地回應霧都的冷冽難耐。

可悲的是，直到我開始噩夢連連，才真正明白我對她的情感有多麼複雜難料。英文有句話是：「The opposite of love is not hatred; it’s indifference.（愛的相反不是恨，而是不在乎。）」

我還是愛她，只是我被喜愛的朋友傷透了。

我的存在
本來就
值得青睞

今天要聽：
〈馬甲上的繩索〉——蔡依林

缺點也是一種天賦

遺憾讓人成長，苦痛讓人深深憂傷，跌到谷底再反彈需要一鼓作氣，或許還有一些幸運。

正當我既傷心又對自己長年在交友上總是碰壁的狀況垂頭喪氣傷心失意之際，我意外地接觸了暢銷書《發現我的天才》以及Don Clifton與團隊花了二十年研究發明的蓋洛普優勢心理測驗。

這個可以分析並建構評量個人特質的機制，靠著多年觀察統整，區分出每個人都會具備的三十四種特質，他們將高度相關的特質歸納為影響人的「因素（factor）」後，發現特定幾種特質會聚集構成特定個性，而個性也就是人與世界互動的方式。

由此可證，找到自己的特質排序，就可以理解自己面對世界的模組從何而來。白話地說，每個人都有三十四種特質，依照排序呈現不同的天賦與才能，因此拿到測驗結果，只需要注意排序前五名的天賦與倒數三名不擅長的特質。

我的第二排名是「溝通（Communication）」，因此，面對關係、工作或生活中的各種挑戰，自然而然地先開口執行溝通，對我來說並沒有任何困難或強迫。有時是表達意見、提出問題、闡明想法，有時是溝通協調、交換感受、傳遞認同……在團體中，我絕對不是保持距離安靜觀察甚至置身事外的角色。同時，我也喜歡解釋、描述、主持、演講和寫作，我擁有形容他人情緒和幫助他人統整表達想法的能力，我很會說故事也較能做好吸引別人注意力的工作。例如：教學、銷售、行銷，或媒體行業。

幸運的是，我所有的工作經歷都跟溝通表達有關：教務處接待櫃檯、國高中英文老師、主持人、咖啡廳老闆，乃至於現在這一刻終於實現的作家，各按其時，隨身分變化，理所當然地用溝通天賦作為與世界相處的方法。

然而，端看我第三十四名「包容（Includer）」的確是最可憐、最不擅長的。

我還記得收到測驗答案時，看見「Includer」天賦排在最後一名，我大笑三聲，覺得基本上我好像等於沒有包容接納別人的能力（笑）。但請容我對這詞彙好好解釋一番，「Includer」一詞更好的翻譯是「包括、囊括、列入」。所以擁有這個天賦的人通常來者不拒，他們會非常喜歡擴大自己的圈子，避免排外，他們渴望邀請人加入團體，並擅長給予溫暖，他們深信人們在本質上都相同：一樣特殊，一樣重要。

反觀我對於朋友圈的篩選與保護欲之強烈，簡直是母雞帶小雞，草木皆兵。對身邊朋友的不同價值觀或族群雖然都相當有感，但尊重彼此的同時，也幾乎都會明確劃分不同「品項」的界線，盡力讓不同族群或愛好的朋友們別相互干擾，著實完全印證了「Includer」不是我擅長使用的工具之一。

天賦的特色

1 不耗費力氣、下意識使用的工具
2 稍加訓練便能成為卓越的強項

不擅長特質的特色

1 擁有卻不擅長使用的工具
2 即便經過訓練，最多也只能做到損害控制

///

一位我認為相當特異獨行的姊姊Nica，她常掛在嘴上說：「我本來就怪怪的，不要理我」和「啊，問你喔！嗯……算了當我沒說好了……」或是「等等吃飯有其他人嗎？有的話我就不去了」之類自言自語的話。

某天，她跟我聊到她蓋洛普測驗的結果第三十四名跟我一樣是「Includer」。

「噢，我的天啊！我超討厭陌生人群的！」

「會嗎？我好像沒有妳那麼強烈……只是不喜歡。」

「對啊！超討厭！所以我一次只能認識一個陌生人！」

「所以妳需要被熟識的人環繞才能放鬆做自己？」

「沒錯！每次、每次！我都需要花好長的時間認識新朋友！如果突然進到一個有陌生人的環境……我跟妳講，超！想！死！的！」她雙手握拳激動地揮舞手機，伸長頸子仰天大叫。

我噗嗤笑了出來，「其實，我心裡面好像也是這樣吶喊的……但也不至於要逃跑。」

「妳『溝通』那麼前面，說出來就可以解決問題了。我沒辦法啊！我『溝通』倒數第五……只能逃之夭夭。不然，真的就是很窒息！」

對！窒息，就是這種感覺！我經過那麼長時間終於知道為什麼我會有那麼強烈的保護欲。因為我害怕那種陌生窒息感滲透我好不容易規畫好的小圈圈，所以像打預防針一樣，希望可以把一切可能性都用疫苗克制住。

啊哈！原來是這樣，我把所學套用在交友上時，終於理解保護欲來自想照顧好內圈朋友的希望，而忽略了「防患未然」那針疫苗終究是另外一劑病毒或細菌啊！我以為以毒攻毒有用，沒想到卻讓緊繃感成為控制欲，最終成為交友缺點。

聽下來，彷彿是沒救了的排外性格，不過，妙的是我本來就擁有溝通的天賦，不需要極力地壓縮自己硬是讓不熟悉的人竄進我的安全範圍內，我唯一該做到的Damage Control，就是適當地在極短極快的時間內了解、認識、協調眼前陌生人的「熟悉程度」，來解決不想讓對方靠近的感受。道理很簡單⋯⋯「陌生人來了，不想讓他靠近好害怕，快去跟他說話，熟了就不是陌生人了，耶！」

有了以上兩種極端天賦的了解，我明白自己對於群體的警戒謹慎其實是與生俱來的，也讓我第一次對交友困難感到鬆了一口氣。

我們從小被教育應該要努力消滅缺點，讓每個人都成為只有優點、隱惡揚善的小尖兵，但透過這個測驗我終於知道，缺點其實只是種永遠不可能消除的天賦，我的缺點可能是其他人的優勢，我的天賦或許就是別人最無法掌控的缺失。所以我們不需要耗費一大堆力氣去壓抑刪減它，只需要把精力用在訓練自己的強項使之成為卓越上，同時找到問題所在去做損害控制（Damage Control），讓傷害降到最低即可。社會不需要齊頭式平等的人，也不需要擁有相同優點而沒有缺點的完人，社會需要的是了解自己也努力理解他人的人。

在跟世界社會交集時，我們也可以試圖找尋與自己相對應的優勢做配合，彼此配搭、彼此成全，找出最大共同利益，讓優秀成為卓越，讓厲害成為精銳，讓世界成為我們能力範圍內的美好，那就已經非常好了。

今天要聽：
〈四季〉——— ALin

我的存在
本來就
值得青睞

從謙卑後開始真正的驕傲

我和蜜奇的友誼很晚才開始建立，認識大概四、五年之後，才單獨約出來喝喝茶聊聊天。

蜜奇是個很甜美的女人，小小的臉上硬是放了兩顆骨碌大眼，薄唇細眉，視覺上是導向及肩中長髮的溫柔弧線。她說話時聲音細小而清脆，配上眨巴眨巴睫毛像孔雀開屏那般又長又翹，是甜美到大家會以為她是我的小妹那樣青春無敵的面孔。更氣人的是，她非但大我不少歲數，最大的孩子都已經上國中了！

跟她熟識之後我才發現，她最有魅力的地方是靜靜觀察、思索統整的特性。她在群體中很亮眼，也很樂意與旁人分享生命，但她總是能清楚記憶身邊人說過、提過、爭論過的內容，進而分析判斷，並在最神來一筆的時刻給你一記當頭棒喝。我常滔滔不絕向她分享工作上碰到的各種喜怒哀樂，憑著她超低笑點與超身歷其境的聆聽能力，我完全享受在專為她一人而說的單口相聲中，隨著高潮迭起，她該笑就笑，該皺眉就皺眉，毫不費力，甚至挺激勵人心。

有一天，我如常說著人生碰到的煩惱困擾，說著工作夥伴如何如何在重要時刻做錯決定，還差點得罪廠商代表……她突然打斷我的節奏，劈頭問了我一句：

「妳會不會覺得是因為妳的驕傲呀？」

「一道閃電從夜空中劃過，倏忽即逝卻在漆黑中割出了比海溝還深的尷尬。」

這就是我那刻精準的感受寫照。

驚訝詫異、疑惑不解、莫名其妙！我在講東，妳怎麼突然跑到西去了？老實說我有點生氣，甚至懷疑她剛剛到底有沒有在聽。為什麼會突然丟出一句如此傷人的話呢？怎麼會用這麼強烈的字眼來質疑我呢？況且我講的是我碰到的煩惱，跟驕傲有什麼關係啊？

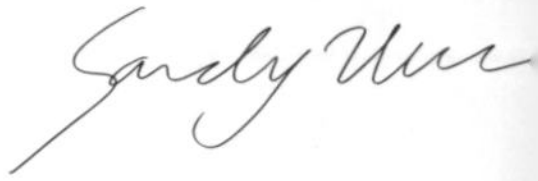

她也沒與我爭辯，只說：「我只是在想，妳的煩惱會不會是因為妳太過驕傲造成的？」

為了鞏固友情，我按捺自己的情緒後隨意搪塞了幾句，速速讓話題無疾而終。

///

相隔多年後，某個沒安排工作的早晨，我悠哉在家獨自坐在房間，難得沒有播放任何音樂，靜靜在網路上讀了一篇關於驕傲的哲學短文，又聽了NPR關於錯誤認知的廣播。一股強烈的渴望油然心生，讓我覺得務必要來好好釐清何謂蜜奇口中的驕傲。還用審慎的態度開始試圖找尋自己內在不夠謙卑的根源，用以肅清自我。

我沒開燈，刻意安靜思想要如何讓自己謙卑下來（或者更正確地說是「如何證明我沒有驕傲」）。

一旦開始搜尋「驕傲」這攸關生死的人生大事會立馬發現，驕傲呈現的是人內心的恐懼：怕自己比不過人、怕自己不夠被接納、怕自己沒被肯定……卻會有過分自負與過分自卑兩種不同行為的呈現。

我們都聽過「驕傲的人其實很自卑」。因為覺得自己不夠好而先發制人，用自身成就和聰明去壓倒其他人，以證明自己的價值，但別忘了「過度謙卑也是最要不得的驕傲」。把承讓掛嘴邊如同齊國黃公好謙的故事一般，正話反說，刻意隱藏美好真相，以期換得更大褒獎，這也是驕傲的一種面貌。

更深入查找資料後，我發現「驕傲」居然不只是一種人類展現出來的自滿行為狀態，而是對於個人成就或地位自我膨脹炫耀的一種情緒。既然是情緒，就有來去，它出現的時機和強度可能有跡可循，而所有的情緒都來自於更內在深層的感覺，但感覺通常毫無目的（感覺→情緒→行為）。

就像生氣是一種情緒，而它呈現出來的行為狀態各式各樣，形形色色，包含吼叫、大哭、搥牆等等，但一切都來自於更深刻的內心感受。

一個人會生氣不管表面上的原因是什麼，最終都和兩種脆弱感受有關：一是「害怕未知」，另一個是「害怕再次受傷」。

恐懼所帶出的情緒會隨著成長而逐漸複雜化，但心底脆弱的感受其實就差不多那幾個簡單易懂的名詞：委屈、擔憂、沮喪、羞恥、內疚、無所適從、惆悵、詫異……以此類推。

所以當人有生氣的情緒時，真正要解決的，不是表面上爭論不休的事件本身，而是薩提爾冰山理論中最底層那最脆弱膽小的感受。

我羞愧地回想多年前蜜奇真誠的疑問，她真正想表達的是，她認為我對同事行徑的生氣反應其實來自驕傲的情緒，讓我產生這情緒的恐懼感受才是真正該探討的問題。

我才意識到，由於自己對工作要求極高，所以害怕工作會被同事搞砸、害怕同事詞不達意會被別人誤會、甚至害怕對方像上次一樣推我出去背黑鍋……所以我急得跳腳，像熱鍋上的螞蟻焦急萬分。

而蜜奇早就觀察到我的緊張，也注意到我在分享自身困擾時，會不經意跳過自己的真實感受，避重就輕地只談論情緒藉以抒發。身為好友她當然願意做我的聆聽者，但同時身為育兒有方的媽咪，她在那時刻便種下了爾後讓我恍然大悟的種子，為了這事，我實在是要好好謝謝她。

寫到這，我不免想起漫威英雄系列電影中我最愛的角色：鋼鐵人。東尼・史塔克迷人又聰明，他一手打造的史塔克王國與鋼鐵人戰隊簡直是所有地表最強的總結。有一次，美國隊長和他鬥嘴，隊長嗆他：「沒了那身鋼鐵盔甲你算什麼？」東尼・史塔克臉不紅氣不喘甚至高傲地回答：「天才、億萬富翁、花花公子、慈善家。」全世界都踩在他腳下，但似乎掌握一切的他只有一件事不會……那就是建立關係。他一股傲嬌的態度讓充滿英雄主義的美國隊長極度崩

潰，甚至一度與之決裂，因為英雄主義在乎正義、奉獻、團隊精神，每個人都是團隊中不可或缺的螺絲釘，美國隊長是領導者，而領導者的信念是「夥伴一個都不能少」。東尼不常表達自己的需求，常脫隊逕自完成部分任務，總是在團體中臭跩臭跩地指出所有其他人的問題。他很完美，至少他讓自己看起來很完美。頭幾集，他不願承認胸口那顆延續生命的不定時炸彈正在嚴重侵蝕他的健康造成苦痛，甚至在小辣椒對他表達擔憂之情時，他馬耳東風。其實鋼鐵人也是英雄主義的化身，不同的是，孩子氣的他只懂得選擇為了保護不知如何表達的重要關係而犧牲自己。孩提時期親子關係的疏離、天生高智能與社會的脫節、家境富裕經歷不凡的成長背景……樣樣都解釋了他無法工工整整安分存在團隊中的行為狀態，鋼鐵人的驕傲來自恐懼，容我爆個雷，最後一集他的犧牲其實有一層深切的動機，就是他終於解決了和父親的多年隔閡，他對犧牲已無所畏懼。

在理解驕傲也是情緒的一種之後，我開始想，到底為什麼承認自己的憤怒、悲傷、委屈可以如此輕而易舉，但大多數的人卻像我一樣，第一時間無法面對自己的驕傲，甚至舉起憤怒的令牌，希望將對方斬立決？

以華人高舉謙虛的文化來說，我們長時間誤以為「驕傲」是個違背善良風俗、令人深切恨惡、又沒道德的人格呈現。一旦被貼上標籤，就彷彿是在人格評分表上畫上慘不忍睹的紅色叉叉，所以這個明明幾乎所有人都有的「情緒」被視而不見，好像只要不承認就會比其他人清高一點。沒想到，當我們極力否認、深深掩埋這個情緒時，就是在壓抑它使之有機會惡化，成為膿瘡。

其實，算算自己看多少人不順眼就知道自己有沒有驕傲了。

看愛表現的人不順眼，因為自認為沒有他那樣愛現；看愛自誇的人不順眼，因為自認謙虛不張揚，這些或許多多少少都有驕傲的成分在裡頭。最終，**who are we to judge?** 在比較中就算大獲全勝，也不過就是小池裡的一尾大魚，看不到世界的遼闊也看不見別人的美好，真的有特別厲害嗎？說起來，承認驕傲也沒什麼了不得的，我甚至覺得要感謝身邊真正深入觀察、替你想、甚至發現癥結

Sandy Uur

點的朋友，畢竟發現驕傲了才正是我們可以開始探究內心世界的最佳時機，好好釐清根本感受問題，才能讓我們日益健康，自然不需靠驕傲武裝弱弱的心。

在心理學上來說，適當的驕傲反而是種健康的發展，讓我們面對挑戰與未知時，擁有超過現實一些些的勇氣與自信。我很喜歡英文中最簡潔而可愛的肯定句：**I am proud of you.** 我為你感到驕傲、我以你為榮。充滿積極正面的鼓勵又簡單明瞭。

由此可見，當我們正確地使用適切劑量的驕傲，就會變成一波強而有力的助攻，順水推舟快攻上籃得分，我想驕傲這可愛的情緒就像一把尖銳利刃，每人都擁有且無需否認，只要學會小心使用就必定大有功效，以後只要發現自己心裡頭有一股蠢蠢欲動的驕傲，我們千萬不要再避之唯恐不及了，它有它的可愛，你有你的厲害，懂得運用才是聰明。

我的存在
本來就
值得青睞

今天要聽：
〈遇見未來〉———JS

當世界背棄你時，你如何看待自己

「大家都說我是個瑕疵。」卡通《無敵破壞王（Wreck-It Ralph）》中女主角雲妮露說。

她是電玩遊戲裡的賽車角色，在遊戲中被稱作「突波」（Glitch，電子術語，電路脈衝之意），常常在遊戲畫面中閃爍像個壞掉的像素。雲妮露一心希望贏得比賽，卻因自身缺陷總在賽道上突然閃退或是自撞，屢戰屢敗，讓玩家對這個角色既嫌棄又煩膩。她紮起的黑馬尾上散亂綴飾糖果與愛心，看起來呆萌又有點令人擔憂，怪異的外型讓其他電玩角色都對她嗤之以鼻，甚至欺負排擠。

這部二〇一二年上映的卡通電影精彩故事不多贅述，但電影尾聲雲妮露在關鍵時刻搖身一變幻化成為公主，看得我一把鼻涕一把眼淚，哭個不停。她不只重新認知自己真實的身分，而且可以在身分之間自在遊走，因為她學會擁抱自己

的「突波」，並善用它達到目標。她不再忌諱其他人的指指點點並忠於自我，

享受其中。

那天，我突然意識到一個新的邏輯。原來我們這一生最重要的不是名利權責、

擁有失去，或是高成低就。

一切的一切中，最重要的其實是「身分」。

曾經接受某品牌快問快答二選一，問我想當「白富美公主」或「美力女漢

子」。當下我迅速確實地回答了「美力女漢子」（跟品牌主打訴求相關）。但

這則問題深刻地攪擾我的思緒好久好久。

因為品牌形象與行銷需求，這兩組形容詞加名詞的選項，被刻意塑造出反差大

的優劣勢，一個聽起來嬌貴難以伺候，另一個堅強不太好惹，各有利弊。雖然

「美力女漢子」沒什麼不好，可是我好難過「公主」在時代改革中，漸漸變成

強而有力的貶義詞。

在我心中，公主若擔當得宜，其實是一個君尊的身分，既高貴優雅充滿魅力，又是眾人追隨的標竿。但是，當世界鼓吹女人變得堅強不造成麻煩、變得可以勇猛隻手遮天、變得不需要其他人也可以活得很好、「美力女漢子」被高舉稱作新時代女性先驅之時，我們真的能活出自己本來的身分嗎？

二〇一八年，一部改編自真實故事的喜劇劇情電影《幸福綠皮書（Green Book）》，講述六零年代，美國一位牙買加裔鋼琴家唐納·雪利，雇用了義大利裔保鑣東尼·瓦勒隆加擔任私人司機，兩人一同前往美國南部保守地區巡演的故事。

英文片名源自黑人司機綠皮書，一本為幫助有色人種應對種族歧視而記載所有黑人友善場所的旅行指南。好萊塢對於歷史上的事後諸葛又諷刺又迷人，總是可以把種族、性別、國籍等矛盾轉化成叫好叫座的票房佳績。

提起這部電影，因為故事中主角唐納・雪利多次面對身分撕裂的自我認同非常吸引我。畢竟他是知名音樂家，努力靠才華躋身上流社會，家財萬貫，生活富裕，服裝品味氣質一流，甚至連說出來的話語都高雅出眾。身為被暴力壓迫歧視生不逢時的黑人，他面對自我身分的態度卻超級優雅。

好幾次，當那沒念書的大老粗保鏢兼司機只因為膚色而獲得更好待遇的時候，他只是謹慎理智地要求擁有相同的服務。當邀請他去表演的白人富豪邊讚賞他的琴藝邊請他移駕至屋外如廁時，他顧全自己的尊嚴，以高傲孤寂的身段捍衛自己的自由。

他讓我理解，真正的「身分」並非外在加諸在我們身上的一切頭銜或權勢，而是在於當世界棄我們如敝屣之時，我們如何看待自己與生俱來的尊貴身分。一個以名門貴族身分看待自己的人，會按著身分生活。他不會大聲疾呼，也不輕易跪地求饒，他會知道自己的言行必須內外一致且被珍視，他會自尊自重自愛，因為這些才是符合他身分的事。

同時，我們身邊也都有用平民身分看待自己的人，他不相信自己可以獲得更多更好的，不知道自己值得被更妥貼的對待，他把所有擁有的緊緊抱在手上，時間不斷流逝，他的擁有不會變多或變少，就像從未種進土裡的種子一般，原封不動地餵養他，讓他以為自己眼前的就是豐盛。身分認知停滯不前，不會發現自己的寶藏就在自己身上。

市面上，還有一種常見的人，他對於人生的不滿皆怪罪眼前的匱乏與不足，他總覺自己懷才不遇、志不得伸，他雖懂積穀防飢的道理，可他的生存之道卻是用餐風宿露的孤兒身分限制自己。他對尊重高雅嗤之以鼻，彷彿世界沒看見他這顆鑽石般委屈，殊不知是他把自己活成砂礫。

試想，若有機會在貴族、平民與孤兒面前擺設筵席會發生什麼事？我認為孤兒會怯生生小心翼翼地吃食，吃碗內看碗外，生怕菜餚被一掃而空，再趁其他人不注意的時候把桌上食物藏匿袋中。平民呢？他會口是心非地否認飢腸轆轆的自己，撇頭咒罵這一桌子鋪張浪費，寧可自己出去打獵，也不願有吃人嘴軟的快樂。只有貴族知道自己的身分有多富足，以至於他必定會單單取用自己需要的部分，並樂意分享眼前的珍饈給其他人，他知道，他還有更多。

我常常在報導中看見各家編輯以「正能量」來評價我的文字，雖甚是感謝，但其實我不覺得自己擁有所謂正能量，只是我學會健康地承接自己的負面情緒，在加以消化後把所學所得分享出來，自我提醒也療癒他人。

我相信「內在身分認知」遠比正能量、小確幸、佛系生活……要來得真實而有力量。

人生必定會面對許多不明不白的狀況，多少會讓人感覺混淆顛簸，但每次讓我能迅速重新站穩腳步的，其實是我極深的信念：對於自我身分價值的確認。就是因為身分如此重要，我特別替現在許多女孩不願意當公主這件事感到惋惜。

如果我們明白，真正的公主並非手不能提、肩不能挑，而是肩負活出榜樣的重任。真正的公主並非傲慢彆扭，以自我為中心，而是能聰慧機智地表達溝通，化險為夷。真正的公主知道自己被不正確地對待會保護自己，她知道自己值得更多尊重。她不會允許莫名其妙的人攙雜在親密的第三圈中對她品頭論足、說三道四。

外面的一切我們都無法控制調整，就如同剛提到的有缺陷的公主雲妮露，還有被歧視的王子唐納．雪利，他們外在看來似乎和尊貴沾不上邊，卻因為對於自我身分認知的發現，而活成美好自在自尊自榮的樣態。

只要明白每個人都有君尊皇族的身分，彼此知書達禮兼容並蓄，其實當「白富美公主」真的沒什麼不好。

不過，且讓我們重新定義「白富美公主」一詞……

一位白於品行、富於修養、美於心靈的尊貴皇族。

我的存在
本來就
值得青睞

今天要聽：
〈天使也會受傷〉——小男孩樂團

per una cooperazione come strumento di pubblico servizio
la marca che garantisce qualità peso e prezzo
i soci sono a tutti gli effetti proprietari della cooperativa
lotta contro le frodi e le sofisticazioni alimentari
contro le manovre speculative dei grandi monopoli
soddisfare i bisogni, piuttosto che 'forzare i consumi'
del supermercato
19 58
usate il cestello

Chapter 5

I Am Proud of You

即便被人錯待，也不可以錯待自己。
因為全宇宙只有你能當自己，
希望你能明白：
「你的存在本來就值得青睞。」

Better Late Than Never

大學最值得說嘴的事，除了每學期都在優良學生榜上，大概就是只花了兩年半便順利畢業。許多人都會認為我是一個很會念書的孩子，哇，真了不起啊！但其實我常常解釋我不是會讀書，而是了解自己。

老實說，我在台灣教育體系時，根本從來沒有因為成績而被讚賞過，甚至曾經只因為模擬考沒有衝上PR90，被老師當眾酸是個永遠不會有出息的蠢蛋。念國中時，我對國文英文都非常有把握，幾乎可以翻閱單次就一目了然，清楚記憶，考試成績也總是穩妥不需擔心；反觀我可憐的自然與數學，錯的總是基本題，驗算後還會把答案對的改成錯的。

在那個全科都要強的年代裡，為了補足這方面的缺失，我運用國文課時間寫數學評量，英文課時將自然考卷壓在桌上狂寫。有時姿態佝僂雙腿盤起，有時像《死亡筆記本》的L那樣蹲坐在椅子上，極度專心將環境音置之度外。

當時的國文老師雙眼相距甚遠，無框的近視眼鏡架在鼻尖兒上，微鬈短髮讓她像極了一隻玩具貴賓。有一次，她穿著灰白色針織毛衣配上焦糖色皮裙與黑短靴，邊念課文邊在座位間繞來繞去，每回晃到我身邊，就會用拳頭大力敲我的桌子，示意我把別科的評量收起來，並在下課後再次叫我去辦公室嚴正地警告，若再上課不專心考試錯一題要打五下。雖然後來的國文課我依然沒有聽講，但國文考試幾乎都考滿分……畢竟是還可以體罰的年代，威脅利誘都是有效的。

對於不會的科目，我不知道到底為什麼無法像其他同學融會貫通、心領神會，我等待醍醐灌頂的那日盡快出現，但等到花兒都謝了還是混沌一片。數學好討厭！我永遠不知道明明不笨的我到底問題出在哪裡，只知道看著黑板上倒數的日子，想著我們應該快要解脫了，我們可能快可以做自己想做的事了。

直到大學一年級，我才逐漸明白念書最重要的，還是越早踏上了解自己的路程越好。

大學新生的通識課程選來選去就差不多那幾堂。第一堂課我選修的是「The Eureka Moment! Arts in Science」，中譯為「發現了！科學中的藝術」。整體來說是個教導新生如何認知自我學習模式，並統整不同科別知識，以預備大學四年的基礎課程。

剛認識完班上的新同學，教授就讓我們做了許多測驗，而測驗結果讓我驚訝地發現……原來「影像記憶」佔了我學習過程的三分之二那麼多——意指我看電影學得比看書來得快許多；同時，我也是實作理論型的學習者，所以整體而言要把事情做好，最快速的方式就是給我清楚的哲學理論再搭配親自動手做。

被分門別類後，我開始在自己身上做實驗，不管碰到數理科學或是人文藝術，我都把課程內容重整成圖像，並在念書時自言自語，讓理論成為聲音資訊加深記憶。就這樣極其幸運地，從大學第一天，我便提早開始建立發展出圖像背誦記憶與統整的能力，也進而埋解到，快速學習最有效用的時刻，是面對新知可以迅速上手、應付考試，方得造就大學成績就算沒拿到A，也不會低於B+的紀錄。

每學期選課時間一到，我不太和其他同學爭先恐後搶修熱門科目，而是愜意選取適合自己的課程——喜歡而且擅長的課。

大一下學期，我正式考上主修「Interdisciplinary Arts（綜合藝術）」。回顧我曾選修的課程、報告與作業，有百分之五十都是各種類型的寫作，包含新詩、散文、兒童故事、電影藝術評論……其他大宗還有藝術歷史、舞蹈表演、教育或戲劇導演，還有一小部分所謂「學分的必要之惡」：佔比最少的自然科學。不過，正因為大多數都是我有興趣、學起來易如反掌的課題，加上藝術沒有絕對的是非，認真用心寫報告的我確實不只一次發現自己是班上最高分。

統整下來，我漸漸歸類了四種人生原型，是求學時期可以先了解再向前堆疊邁進的。我稱它們為**幸福人生的基本層次**。

最高層次，做喜歡而擅長的事。成就感高、具穩定度、滿足感大、幸福感強。

就像語文科之於我，既簡單有趣又深刻動人，不需要耗費太大力氣就能夠舉一反三、觸類旁通。大學主修和我日常習慣就是用文字記錄寫作，絲毫不需要我絞盡腦汁，更是非常享受在「專注產文」的過程中。另外，公開說話對我來說也是非常喜歡又擅長的事，就目前的經驗看來，做過的四份工作：服務業（教務處櫃檯）、教育業（英文老師）、演藝業（主持人）、餐飲業（無聊咖啡），都是和「與人互動」及「溝通表達」有關。再怎麼累或壓力大，都還是穩定向前且幸福感很高的最佳狀態。

第二層次，做喜歡但不擅長的事。續航力佳、黏著度高、發展性低。

曾於國小學過一年多的芭蕾。因為喜歡音樂與舞動，所以我好喜歡優雅浪漫的芭蕾。我可以為了拉筋整晚都對著牆壁劈腿，把字典放在雙腳上增加重量，再一覺到天亮。我願意為了跳舞在家不停自主練習，即使拉筋、踮腳、轉圈受傷也在所不惜。有舞蹈表演時，我居然還敢不顧一切要求老師讓我邀請同學來看舞（現在想想，覺得小孩莫名的堅持好可怕。）因故停止芭蕾後，筋越長越硬，再想追也追不上。陸陸續續學過街舞、踢踏舞、MV舞……一直努力地練習，依然跟不上進度就胎死腹中。到現在，在節目上常看我聽到音樂就跟著手舞足蹈的樣子，許多人必定了然於心——「她很喜歡跳舞，但這真的不是她擅長的事情。」

第三層次，做擅長卻不喜歡的事。上手快、有可能突破性、可滿足現實需求。

每每跟身邊人分享到這個層次時，大家就會開始強烈緊張……「喔不！我該不會是第三層吧？」「喔天啊！像個傀儡一樣我不要啊啊啊！」

別擔心，其實我剛開始當老師時就是在這個層次流轉。回台灣後，一心想著父

母已經為我付出那麼多學費，能賺錢謀生，就絕不繼續接受家裡的金援。所以，從沒想過要當老師的我，鼓起勇氣就去學校應徵試教了。後來發現，當老師其實就是拿著麥克風對三、四十人說話，將自己已知的資訊統整好並傳遞下去（我最會統整溝通傳達了呀！）。因此，雖然在一開頭沒有特別喜歡這份工作，卻越做越順手。

在國中教書，放學後接了另外兩間補習班，週末再連教七個家教學生……這聽起來輝煌而疲憊的小歷史，刺激了我對於教育突破的想法與熱情，身在其中，更能從不同角度理解教育者的歡喜與憂愁。就算沒有朋友、沒有娛樂、每天都累到燒聲含著一湯匙枇杷膏改作業出考卷，卻在短短一年半讓我賺進第一桶金，滿足了現實需求。

所以就算你認知自己正在第三層次也不要氣餒，因為擅長會節省很多時間，時間就是金錢，在有限的時間裡創造有形無形的財富，就有機會往上攀升，體會何謂此一時彼一時，一切都是過程。

第四層次，做不擅長又不喜歡的事。耐受度低、受挫感大、高耗能。最終還是得面對這令人不安生的最糟狀態。我還算是個了解自己的人，因此除非被情勢所迫，否則很不容易落到這番田地。但前面說過，我不是個擅長念書的孩子，在台灣教育改革體制下，七年級的我，身為活生生經歷建構式數學、國小實施英語教學、九年一貫、國中教科書開放、基測考題開放……被要求全能齊頭式平等的小孩，只能淪為成績單上那「成事不足敗事有餘、比上不足比下有餘、高不成低不就」的實驗白老鼠。考高分算是賺到，考差了還要面對高壓咆哮，說穿了，我就是不擅長又不喜歡念書，直到選擇赴美念書才終於解脫。

我相信很多人都有跟我一樣的感受，越念書越挫敗、不知所措、磕磕碰碰，所以我才會特別對大一那堂通識課充滿感激。發現自己擅長什麼，喜歡什麼，進而跳脫出這惱人的第四層次，才有機會在生活中創造屬於自己的幸福感。

在探討這四個層次之時，我覺得最重要的是認知「我們都有選擇」。即使很多人認為自己的現況是為情勢所逼，但及早發現，及早治療，就算猛然大徹大悟，也是better late than never（遲到總比不到好）。

正常狀況下，當我們手上握有人生的選擇權，我們也正是修築眼前道路的工頭，即使環境中其他條件有機會變異，我們都要能懂得安排調度，讓鋪路的工程繼續下去。

今天要聽：
〈致姍姍來遲的你〉——阿肆（feat. 林宥嘉）

最後五名的進化論

我常對我的學生說，若要問我在國外念書學到什麼，我會說第一認識自己，第二就是負責任。

開拓眼界、增廣見聞、甚至習得新語言、拓展人脈……這些不一定是年輕時就必須即時擁有的能力。十四歲出國的鍛鍊，其實是開始學習為自己做出選擇，並附上百分之百的代價。因為真正塑造我們成人的是自我價值、自我認知，以及責無旁貸的勇氣。若不趁年輕認識自己喜歡什麼、擅長什麼，那要如何精準地選出答案，又要我們如何甘心樂意地承受後果呢？

成為國中英文老師那年我二十一歲，校長說：「妳最年輕，那就把最皮的班交給妳嘍！」於是為期一年，我負責三個完全不同類型的班級：幾乎是資優班的七年四班、最聽話特別挺我的七年七班，和最調皮失控的七年十一班。

那年代的孩子雖然物資充沛、資訊爆炸，但大多數都還是懵懂無知幼稚天真。我很愛與學生說話，他們也很常問東問西，和他們生活像重新走過國中的日常，我也就這般慢慢地記起這片土地的味道。

七年十一班，是我教的第一堂英文課。一整間鬧烘烘的教室、隨時想衝去球場的少男們、嘰嘰喳喳靦腆的少女們……反而讓人特別注意有位安靜的李品麒。他坐在面對講台左邊第二排第三個位置，多半時間都盯著桌子的邊邊看。我常注意到他上課時會自己用左右手表演戰鬥機互撞，喉頭甚至還發出模擬起飛的聲音。他英文成績頗差，總是吊車尾。

有次，我刻意點名要他起立回答：「獅子的英文怎麼拼？」他左顧右盼漲紅了臉終於看到前排同學偷偷用手比了L給他看，他掙扎半天，擠出一句「……應該是C……」，大夥兒當然笑壞了，他又氣又惱，緊咬著下唇鬱悶地低頭坐下。

下課後我特別跑去他身邊，想問他為什麼英文都跟不上。

「老師，妳不要期待我會變厲害，我真的都不會。」他回我。

「你沒試過，怎麼知道你不會？」

「老師，我家沒錢補習。像江語智跟徐立軒他們補習班都教到下學期了。我阿嬤說叫我上課時就『惦惦賣共威』。」

「那除了英文，你國數自社哪一科強？」

「都不強……」

「不可能！每個人都一定會有他厲害的地方啊！像老師會英文，可是我數學超級爛啊！」

他透過黑框眼鏡瞅瞅我，乾淨利落的短髮冒出汗滴，說道：「老師……我只會打球。」

「好！那從今以後你就負責把球打好！你體育課要名列前茅，這是你擅長的事！」

「那我國英數自社可以不管嗎？」果然是天真的小國一。

「當然不是！老師管不了英文以外的科目，但明天要小考……你記得帶課本來就行。」

隔天，考試時間進入最後倒數十分鐘，我決定鋌而走險，挑戰僵化的教育體系來刺激學生。

「孩子們，現在剩下十分鐘要交卷，上次考全班最後五名的舉手！」武明皓、徐博岑等人萬般不甘願地舉起手。

「請把英文課本拿出來開始找答案，找到答案就抄到考卷上。抄多少算多少，答對統統給分！」

活潑的武明皓向徐博岑竊笑後，快速抽出課本，目光如炬地查找起來。此時，一臉疑惑的李品麒溫吞地跟著拿出課本，看看身邊詫異的同學，再看向我。

「剩下九分鐘，抄多少算多少，統——統——給——分。」我再次強調並用眼神鼓勵他快速行動。這時班上名列前茅的江語智跟徐立軒開始哇哇叫發出不平之聲。

「齁！老師，為什麼？我也要拿課本抄！」

「對啊！老~師~那我們幹嘛複習啊？」

我早就料到會有這樣的下場，不疾不徐地說：「好呀，你們只要保證下次月考是全班倒數五名就可以拿課本出來抄。不然月考成績就直接倒扣。」

「怎麼可能啊，老師！他們很爛欸……」身材微微圓胖的江語智，話很多，家境優渥，精力旺盛，對於班上稍微弱勢的同學皆嗤之以鼻。

「所以啊，你考卷發下去二十分鐘就寫完了，我看！」剩下五分鐘，我實在懶得跟他抬槓，便把他的考卷抽走開始批閱。果然，再次全對，他又考滿分。我把分數亮給他看，「你有差這十分鐘翻課本嗎？」他得意地環顧全班，立馬忘記剛剛囉哩叭唆的訴求。

剩最後兩分鐘，我用眼角餘光觀察發現班上同學幾乎都寫完了，有的在檢查，有的甚至趴在桌上玩橡皮擦。李品麒、武明皓、徐博岑和其他兩人火速地翻找答案，像在尋找國家寶藏。我心裡不禁一股暖和，原來他們需要的從來不是勝利，而是邁向終點的機會。

下課鐘聲響起，考卷收回來後，我三步併作兩步向導師辦公室跑去。在草綠色辦公桌前迅速批改，然後獲得可貴的五十七、八十三、四十五、八十一、六十一，五張紅色成績。

我好興奮！我好開心！英文不是他們擅長或喜歡的科目，從他們只要碰到英文課，就是一副擺爛放空的態度，放棄作答每次都交白卷，到現在至少有三人及格，其中還有兩人衝上八十幾分，我有多高興呀！那是我第一次在教學上碰到 The Eureka Moment！

第一次了解身為老師的真正職責不是管束教導，而是幫助學生邁向成功，一個老師真正的快樂不在於可以給學生多少分，而存在於學生贏得了多少分之中。

自從我固定准許最後五名小考時拿課本出來抄答案後，在限定時間內增加他們的競爭力，也讓他們的腎上腺素穩定大腦記憶路徑。班上的成績單開始起了奇特而微妙的變化，倒數五名的人選開始調動。起初是五名內的轉換，接著竟然開始有新名字進入五名內，原有吊車尾的幾位向更高名次挪動。徐博岑跟李品麒這兩位最讓我驚訝，他們一路向前衝。

到了學期末，李品麒竟然已經在中段班十五、十六名的位置。他對英文產生了

不可言喻的情愫，雖然還是怯生生地面對，卻已經有足夠的自信可以征服。進演藝圈後，我時常想到教學相長的日子，想到他天真傻氣的模樣，想到他每過一個長假就成熟許多的臉龐，我突然覺得國中時那個念書總是亦步亦趨的我，也被療癒了。

不需要是最好的，不需要總是因為跟不上進度而自暴自棄，只需要每次都盡力而為，誠懇地為自己負責任就夠了。那最後五名的進化對我來說才是教育的真諦。

今天要聽：

〈Little Star〉—— Standing Egg

你的存在，本來就值得青睞

那天是教學生涯中的某個禮拜四。往常我只需要教到第六節課就可以休息了，但佩璇老師前天開始請產假，我得去補她的第八節課後班。

空氣的味道與聲音，用來記憶畫面和情緒的能力特別好。放學的聲響往往是最迷人動聽的，我很喜歡鐘聲響起，課桌椅蠢蠢欲動就地摩擦的嘎吱聲，而且我老是覺得「放學」有一股老舊硬幣混合酸雨的味道。後來想想，啊，或許是在短時間內，眾多學生大量拉扯書包拉鍊，又澆上毛毛雨導致的吧？

我走在微雨吹上臉的走廊往四樓課後教室移動。同學們應該都已經到教室了，遠遠地我就看見一個掛著側背書包、特別矮小的身影，搖搖晃晃地扛一個竹編小板凳溜進教室後門。我刻意按捺好奇心並走進班上。

課後班的點名表，混合了各班成績較差或是父母來不及接送的孩子。費了好大工夫我才終於找到那個扛小板凳女同學的名字，洪玉真。她坐在講台前右側第一排，眼神空洞像一個殼子，參差不齊的劉海像玉米鬚掛在眉上。她是個侏儒症的女孩。

整整三十分鐘，她除了好端端地爬上椅子，把短小的腿落上桌子底下的自備小板凳之外，一動也不動。我刻意經過她低聲詢問有沒有哪裡不懂我可以輔助，她只是用極其空泛的語調說：「我看不到。」我瞥見她粉白色鉛筆盒裡頭放了一副眼鏡：「戴眼鏡會看得比較清楚喔！」她照做戴上眼鏡，握緊鉛筆繼續完全僵化。

眼見課程已經到尾聲，我說：「剩下幾分鐘要下課了，妳把黑板上的先抄起來，等等老師再陪妳看一遍，好嗎？」

「我不會。」她眼神直勾勾地看著我說。

班上混合各班的孩子們一陣躁動，幾個比較調皮的男孩開始起鬨，「嗚～嗚～小小兵～洪玉真生氣了～」。為怕場面失控，我深吸一口氣轉身走回講台，繼續教完一堂流暢度被打破的課。她眼見時間快到，絲毫不客氣地開始收拾書包，鐘聲還沒敲完，就已經再次存在感極低地離開學校。

公立學校為提升特教學生融入同儕的可能性，會按照學生的狀況程度編班並稍微均分至普通班，也會讓他們一天七節課有二到三節課回原班級上課。自國一開始，班導師也會預告幾位普通班學生要擔任照護輔助的小天使角色，好減少特教學生產生社交脫軌的機會。少子化，一個班級約三十人，其中可能會有二至三位的特教生，包含自閉症、重度弱視、過動症、暴力傾向等等。

為了預備好自己一週後面對洪玉真，某個午休時間我跑去向她的班導探聽，到底她的侏儒症有影響學習能力，或是她特教狀況還有其他成因（某些孩子還有心因性疾病）？或許是自閉症？或許是亞斯伯格？又或者是學習障礙？

沒想到她的班導雙手扠腰告訴我：「洪玉真喔，她只有侏儒症耶！其他智力發展一切正常。可是齁，她每天啊都像行屍走肉一樣，過一天是一天……」

後續班導師的碎碎念我其實也沒在聽，只是覺得心裡有一股隱隱約約未知的情緒堆疊翻滾。她不是不會，是不想會。她不是不專心，是不用心。她明明可以，卻一直表現出她辦不到的樣子，到底為什麼要這樣呢？

很快的，又到了禮拜四第八節課後班。

放學的孩子們嘻嘻鬧鬧，燥熱的天氣讓所有聲音都煩悶了起來。包括在走廊上練直笛的、邊整隊邊扯鈴的、用外套袖子綁著書包在地上拖曳的……一切的一切都變成噪音。

我心裡有點慌，在靠近教室門口前漸漸靜了下來。我到底要做什麼？我為什麼擔憂？我是怕她不上課讓我丟失老師的尊嚴嗎？還是我怕沒辦法校正她的人生？

整堂課，她依然故我，把該拿出來的課本習作考卷鉛筆盒都放在桌上，然後開始定定地發呆。我得耗費極大的力氣才能管住自己不要用餘光偷看。

課程進行到一半，我實在忍不住，讓全班寫小考考卷，再蹲到洪玉真旁邊悄聲跟她說：「不會沒關係，黑板上的都是老師剛剛講的。大家先寫考卷，我把妳的留下來，妳帶回家再慢慢寫，那剛剛的筆記妳就照抄……」話還沒說完，被她一個突然的眼神和擺態嚇了一跳。

她猛然丟下鉛筆，推開桌子，攤出整個身子說道：「老師！我！是！特！教！生！」

全班一片譁然，我那積累許久的情緒也像震前地鳴，嗡嗡嗡地越來越大聲。我們全部靜止了十幾秒，我隨即將她帶出教室拉往導師辦公室。

一路上她同喪屍般不發一語，快步跟上我的步伐。她越不反抗我越生氣。終於回到我的位子上，我坐到可以跟她平視的高度，緊緊將她擺放在我膝蓋前。

剩幾分鐘要下課了，導師辦公室沒有其他人，冷氣與電扇配合得剛剛好。我們之間只有空氣在流動。

「妳為什麼告訴老師妳是特教生？這跟妳上課認不認真有什麼關係？」我用溫和但堅毅的語氣開口問她。

她看著我急切眼神卻選擇視而不見冷冷地回應：「我就是不會！」

「妳明明可以！明明會！」我雙手按上她生長不全、肌肉歪斜包裹住的肩膀。

「我不知道。」

「妳不知……妳特教生又怎樣？除了身形不同，妳腦袋很好，為什麼不好好用？」

打鐘了。

辦公室外又開始紛紛擾擾嘰嘰喳喳。我還得回去班上收考卷。啊，三班的尹誠佳剛剛有說要幫我收。好，在主任巡教室鎖門前還有一點時間。等等跟她說完要讓她回去拿書包……我腦海裡分岔了一條多慮的線。

「……」她彷彿開啟了休眠模式，再次一動也不動地眼神放空。

「那妳……知不知道，妳不可以這樣？」我呼吸變得急促，雙手放回我椅子的扶手上，緊緊握住。

「反正大家都瞧不起我……」

她這句自暴自棄的話讓我紅了眼眶，彷彿我是她，彷彿看到她一路被鄙夷看待的成長，彷彿存在是錯誤，彷彿永遠等不到一點點青睞。

「瞧不起妳？……誰教妳的？難道別人……比妳自己更重要嗎？」我還有一條細線不停在思索，我到底為什麼那麼生氣……？到底是為什麼？我的眼淚滴滴答答開始失控地落下。

「……」她看我哭，也跟著哭。

我好像喚醒了那個殼子裡的靈魂，她的表情終於真實了起來。我好像看到她的委屈，可是迷迷濛濛的，她好像從來沒有向任何人敞開，只是繼續流著淚，盯著我看。

「洪玉真……妳不可以這樣！全世界……全世界都可以瞧不起妳、排擠妳、欺負妳！但是，妳不可以！妳沒有資格瞧不起自己，妳沒有資格排擠自己……妳不可以……不可以欺負妳自己！」說完這句，我哭到上氣不接下氣。

大概一分鐘，我們倆就這樣面對面大哭了起來。她沒有再說話，發展過大的前額冒出小顆小顆的汗珠，她厚厚的近視鏡片起了霧，尚未發育的胸口不平穩地起伏，連我也哭出一身汗。若這是一場鬧劇，我唯一的擔憂應該就只有很難有個合理的故事收尾。

沒想到辦公室的門突然被大人打開，逆光，一個穿著便服的男人氣喘吁吁地站在門口。我看不清楚他的輪廓，只知道他印上汗漬的POLO衫尷尬地掛在染上許多泥沙的牛仔褲上，他往辦公室內走來的每一步都留下溼溼的腳印。

「洪玉真！妳勒衝啥？」

「……阿爸……」原來是來接女兒的洪爸爸，視覺判斷應該是做工程的辛苦人，可能剛離開工地所以還一身汗味。

「老師，歹勢啦，我找洪玉真啦！」他向我稍稍鞠躬，帶著歉意的表情讓我不明白。

「洪爸爸，你好……」我緊張地吸吸鼻子抹去淚水正要開口。

「哇堂督啊找妳都找無郎，洗啊那底加？」他瞬間轉變成強烈的質問語氣。

「我是她課後班的老師……我剛剛正在跟她溝通……因為她上課比較不專心……」

「妳又闖禍！」洪爸爸稍微看了我一眼就開口大罵。「妳又闖禍！妳就只會惹事嗎？」每一句話還連帶用力推女兒的頭一下。

「……我沒有……」

「洪爸爸，沒有啦，她沒有闖禍……只是……」我伸手想護著她，卻又被洪爸爸搶先一步。

他拎起女兒短小的手臂向自己背後拽：「還說沒有！妳把老師惹哭了！妳要不要臉？妳是特教生欸！還鬧老師？你忘記家己係特教生膩？」

凝結。我的腦袋完完全全被這句話震懾住了。

他剛剛說什麼？我不是才說他女兒沒有闖禍嗎？他為什麼要這樣推拉她？怎

麼又跟特教生有關係？為什麼會這樣？是我錯了嗎？

我越來越沒辦法統整自己的情緒感受，除了向洪爸強調玉真沒有闖禍，也沒有鬧事，我實在沒有辦法面對眼前這讓人感到極度無力的狀況。三個人尷尬僵持不下，洪爸爸把女兒帶走後，我就急急忙忙地離開辦公室，衝到教師停車場，蹲在地上崩潰大哭。

過一會兒，我哭著爬上自己的車，坐在駕駛座上繼續哭，思緒極其混亂，我沒辦法判定自己到底為什麼那麼傷心，更不知道我到底是不是做錯了什麼？或許我不該多管閒事害得洪玉真無法安然度日，又或許我跨越了師長的界線過度感受學生的感受？我不知道。我什麼都不知道。

回家的一路上，我邊開車邊啜泣。腦海裡滿滿都是洪爸爸的責備，他的汗味混合水泥的味道本該是溫馨接送情，卻演變成一場悲傷家庭劇。實在沒辦法想那麼多了，我只好專心讓自己平靜下來，拿出筆記本把今天發生的事情記錄清

楚，畢竟在佩璇老師回來之前，我每週就要去面對洪玉真一次。老實說，我非常害怕。

我寫了將近一個小時巨細靡遺的敘事文，攙雜情緒感受、疑惑不解，還有好多好多自省。才發現，我不只是忌諱班上有孩子被排擠，我根本是非常厭惡這樣的狀況，我沒辦法看著孩子被推到社交圈的邊緣苟延殘喘著，我更不願意有孩子因為這樣的狀況自暴自棄、自怨自艾。

洪玉真因為外型的不同而讓我注意到她，但我無法想像數算有多少人外表看似正常，卻日日承受著這樣的欺負。不論原因為何，「錯待」很多時候是比霸凌還嚴重的問題，因為霸凌比較容易看得出對錯，而「錯待」有時候會偽裝成關懷、同情、保護、施捨、一切都是為你好……以至於讓被錯待的人以為自己的存在本來就該被這樣對待，更甚者，還會覺得只要承受住了，就可以消滅其他人的憤怒怨懟。雖然長大成人後，還有更多更多的莫可奈何，與生命中不可承受之重，可是現在我眼前的他們真的還太小，小到承擔不起傷害的後果，小到扛不住被錯誤對待的苦痛。

事件發生隔天，同樣教英文的淑萍老師，在我身邊拉張椅子坐下，她說意外聽見所有對話。

我想她教學經驗豐富，一定知道該如何處理這個狀況，便開口詢問她的建議。她先是告訴我，以後第八節課願意跟我對調。我雖然有些疑惑但也點頭接受，接著，她握著我的手腕，語氣肯定地說：「我知道妳是年輕老師比較有熱情，但妳昨天太失控，我覺得這樣不太對。最好不要再教那個特教學生，畢竟我們也不想妳才進教育界就惹到家長啊，對不對？等妳當老師久一點，妳就習慣成自然了啦！」

我終於明白，自己的憤怒來自手足無措的無力感。

對於自己天真想幫助玉真，卻錯估父母帶給她的影響而感到自責不已；對於多數教師們的忽視也感到錯愕徬徨。

老師們的熱情是怎麼被銷磨殆盡的？身為教導者的權利與義務究竟是由誰來劃分？當學生碰到的問題遠遠超過校方能力所及的範疇，又有誰可以聽見孩子們的哭聲？

那個令人窒息的午後，我沒有及時收住的眼淚，原來是因為情感與她無聲的悲戚產生了共鳴。我像是看到她生命的幻燈片在恍惚中播放，那些被嘲笑、被無視、被打壓的過程精彩得令人反胃。

後來，雖然沒有機會再教到她的班，可是我知道，我唯一不後悔的就是斬釘截鐵地告訴她，即便被人錯待，也不可以錯待自己。雖然我什麼都不能替她做，也不可能改善她生活周遭環境中的背棄感，但至少那個傍晚，淚流滿面的我有說出那幾句話。

我希望她有清楚聽見，更希望她可以好好地練習愛護自己，因為全宇宙她也只能當自己，希望她終究能早些明白：「你的存在本來就值得青睞。」

我的存在
本來就
值得青睞

今天要聽：
〈同步〉——范曉萱

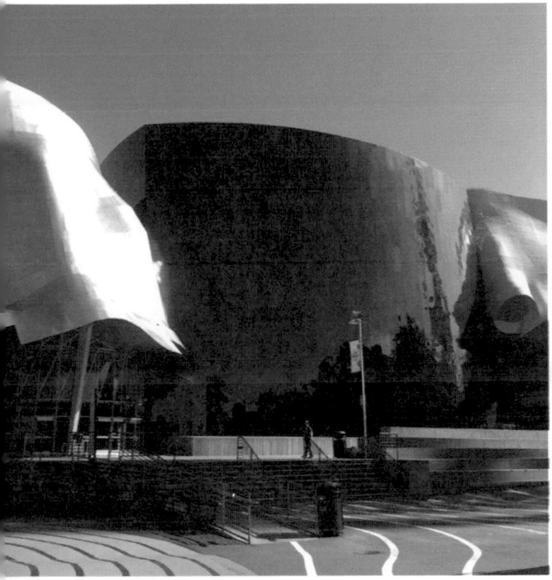

願你也可以成為一朵棉花糖

我從未迷戀過張愛玲。我聽說她傳奇才氣橫溢，我聽說她是一齣悲劇包裹為人生劇，但我卻從未迷戀過這位才女。不過，有件小事，我從她身上學習：**身為女人，我們擁有最大的武器是溫柔。**

許多人問我，被攻擊、被誤會、被刺穿、被割傷……到底該怎麼處理？我沒有強而有力的答案，如那聰慧卻踏上悲戚塵埃路的女子般，我們只能柔軟。

我曾說過，我們應該可以成為一支沿街販賣的美麗夢幻棉花糖，任人看了都會眼睛一亮的單純與平實。我們是糖，但我們有變化型，擁有我們的副作用是你會少一隻可以忙自己事兒的手，但我們絕不耽誤你，我們會自己化去。

我的蓬鬆讓我成為巨大的鮮豔的靶，若有一把箭遠遠地朝我射出，我不會挺身用內裡那弱不禁風的木桿兒支撐住，我亦不會閃躲，可我也不一定願意壓縮。我為何要壓縮？若真有那些攻擊朝我走來，就讓它射穿我的心吧。痛還是很痛，傷還是很傷，苦還是有，但就讓它吧。

粉色的、鵝黃的、天藍的……各色的棉花糖會扯破一個個大小不一的孔，有些小的透了光，有些大的成了漏風的窺孔。形而上，我們會改變、會留下痕跡，但我們的本質不變，我們是糖，我們是甜的。

我是這樣信任溫柔的。我相信溫柔不只是忍耐，而是充滿虔敬的謙卑，那種信仰正義的心靈是很難被剝奪的。

我相信溫柔是女人最獨一無二的武器，如林徽因說：「溫柔要有，但不是妥協，我們要在安靜中不慌不忙的剛強。」如席慕容說：「在年輕的時候，如果你愛上了一個人，請你，請你一定要溫柔的對待他……若你們始終溫柔的相待，那麼，所有的時刻都將是一種無瑕的美麗。」如李清照於《減字木蘭花》

說：「怕郎猜道，奴面不如花面好。雲鬢斜簪，徒要教郎比並看。」

我學會對現實世界溫柔，對愛的人溫柔，我幾乎從不與外界摔角，因為我知道勝負是剎那，很多時候感覺是輸了實際上卻贏了才是真的。當我被給予了正面積極甚至高情商的肯定，我心裡是攙雜喜悅與謹慎的，天性使然，面對誇讚我竟然開始思考是什麼形塑了我？開始質疑那是我真正想呈現的模樣嗎？難道我這般無感嗎？

這種程度的思辨，其實又要說回《小明星大跟班》第一次開錄前，王偉忠先生對我說過的一席話了。

那是個年初，中天後台忙碌，我傻愣地杵在鏡子前。Rundown上字字句句都用力看著，我很緊張雙手都冷了。突然，從鏡子裡看見偉忠哥踏進後台休息室，中氣十足地向大夥兒打招呼，我轉身開朗地笑了。偉忠哥牽起我的手說：「ㄚ頭，妳太瘦了呀！手怎麼那麼冰冷？」我侷促地把手收回，試圖搓揉手掌讓它們努力暖和些，可能是太緊張了吧……

「丫頭啊，偉忠哥對妳沒什麼要求啊！功成名就什麼的……那妳都會自己達到的。偉忠哥就只要求妳追求『身心靈內外合而為一的平衡跟健康』啊！」

當時我二十六歲，這句話反覆思量都沒法兒懂，直到二十八歲那年身體完全失去控制，我才明白他說的是什麼。

短短兩年，我面對所有接踵而至的挑戰都全盤接受，深深抱著「有工作就做，好好做到沒有工作為止」的心態，我的生活中開始有了忙碌與繽紛，可生命裡卻生成許多壓縮的塊狀，都是我不經意刪減甚至忽略的部分，包含玩樂、休憩和安靜。

我不想用「努力」來形容那幾個短短的年頭，畢竟很多人都很努力，況且從十八歲開始我就只懂「衝撞」。我慣性地把時間填滿，只因大學時突然明白時間與金錢就是諺語中的魚與熊掌，不可兼得。

當大學生時，為了想回家，突然暴衝連續幾個學期都拿三十個學分（一般學生只需拿十二至十八學分），才讓大學能在兩年半讀完。出社會當老師，也選擇一週工作七天。白天國中教書，放學去教兩家補習班，週末則是七位家教學生輪番上陣。

我不知道我要贏得什麼，我也沒有想跟任何人比拚，我只是很想搶時間，或是……用時間搶錢。我刪除所有娛樂及休閒，甚至沾沾自喜沒有虛度一絲一毫的光陰，直到進了演藝圈，開了無聊咖啡，多了管理經營的職務這雙重身分，我才開始發現，衝撞是會有後果的。

一開始，我以為只是緊張造成經常性的上台前後高燒胃痛，後來從莫名高燒退燒卻找不到原因、感冒生病不間斷，直到一放假就住院……醫生說，暫時沒有第一、第二線的抗生素可以用了，身體不斷發炎，底子不夠好，心理壓力和緊張感持續增加，到最後我常常半夜尖叫哭泣著嚇醒。我只知道應該是身體壞掉了，卻忽略最恐怖的是我失去了很大一部分的痛感。指的並不是病理上的痛感，而是心理上的痛感。我只知道我身體很累很累很累……卻對心靈上的感受麻痺遲鈍。

因緣際會下，我放棄了總是單靠自己解決問題的習慣，開始打開心胸去試圖從科學角度理解心理及人類。大量閱讀、詢問、查找資料……認識自己的荷爾蒙、大腦、身體和情緒的相互關係及運作方式，並嘗試從日常飲食和行為開始調整改變。包括在最忙碌的年底請假去歐洲遊玩，甚至浪費時間拼圖玩黏土。

一年內，我的身體開始起了很大轉變。我對於自我情緒的理解，升級到另一個層次的敏銳度，面對飲食上的想望多了些了然於心，進而可以好好用時間去取捨，不再任憑大腦發出的指令為所欲為。

過往，我以為時間會帶走一切酸楚，我甚至以為深深掩埋的終將自然成為堆

肥，沒想到身體是會反撲的獨立個體。我越是虐待它，它越是報復得凶。**原來，生命中未解的一切並不會成為養份，反倒會是阻擋幼苗扎根的荊棘。**

我開始學習允許各種感受存在，允許那些被界定為不夠成熟的情緒逗留，我開始懂得細細品味吳姍儒這個人從頭開始生成的過程，並稱之My Becoming。

原來偉忠哥說的是真的，一個人必須興盛，那他的靈魂身體都得興盛，不能只是餵養自己的身體而忽略心靈，他必須同時照顧好身心靈的平衡與健康，才能有豐盛的生命。此後除了擁有健康，我也才真正看懂並悟出那一點的溫柔。

張愛玲、林徽因、李清照……這幾個聰慧而有才的女人懂得對愛人極致溫柔，深愛之外，多半是委屈和難以下嚥的憂愁，和她們相比，我多學了幾樣。

我學會對自己溫柔，對自己的情緒有感，對自己的價值不存留一絲絲懷疑。我不再允許任何錯待，即便很多時候，錯待我的，正是我自己。回應大眾對我的肯定，我想我絕對不是天生積極正面，而是我願意誠實面對自己的感受，並想辦法找幫助找專業好好處理它。

我絕對不是生來就勇敢無懼，而是我終於明白真正的勇敢是存在脆弱之中，當我願意把脆弱拿到陽光下攤開來曬一曬，我就不再是想獨自爬出流沙的女孩，我是最勇於與自己面質的女人。

回頭想想，十四歲到美國念書的孤單遊子生涯、二十一歲初出茅廬的衝撞一切的小社青、二十八歲健康瓦解破碎重組的Sandy……一路以來，我只有感謝。除了感謝家人，也謝謝凌霄阿姨、黃瑾和白英，謝謝我的學生們，謝謝演藝路上所有前輩和同伴們，謝謝所有支持著我學習價值、勇敢、與溫柔的朋友們。

接下來，我即將迎來最期待的三十歲。

我不知道三十歲將賜什麼給我，甚至還有點像二十一歲那樣徬徨，但我就是期待。期待下一個七年的路我會遇上什麼。噢，上帝啊，讓世界也對我溫柔吧！

Sandy Wu

願正讀著這本書的你，也可以成為一朵棉花糖。

不論世界如何對待你，不論你是否感到無奈遺憾，不論你被標上什麼價碼……
你接收和給予愛的能力不變，你的本質不變，你的價值更不變。
願我們永遠記得，我們的存在本來就值得青睞，願我們都活得好好的。

今天要聽：
〈Miss Invisible〉——Marie Digby

攝影/宋子凡

國家圖書館出版品預行編目資料

我的存在本來就值得青睞 / 吳姍儒作 . -- 初版 . -- 臺北市 : 三采文化 , 2020.02
面 ; 公分
ISBN 978-957-658-292-9 (平裝)

863.55 108012430

本書提及人物均為化名，並經過改寫，如有雷同，實屬巧合。

suncolor 三采文化集團

愛寫 36

我的存在本來就值得青睞

作者｜吳姍儒
副總編輯｜王曉雯 責任編輯｜徐敬雅 校對｜呂佳真
美術主編｜藍秀婷 封面設計｜高郁雯 版型設計｜高郁雯 內頁編排｜Claire Wei
專案經理｜張育珊 行銷企劃｜王思婕、陳穎姿
封面攝影｜宋子凡 內頁攝影｜LuckyMoney57
彩妝造型｜Ian Lee 髮型設計｜Haha (Four hair concept) 服裝品牌｜Jasmine Galleria

發行人｜ 張輝明 總編輯｜ 曾雅青 發行所｜ 三采文化股份有限公司
地址｜ 台北市內湖區瑞光路 513 巷 33 號 8 樓
傳訊｜ TEL:8797-1234 FAX:8797-1688 網址｜ www.suncolor.com.tw
郵政劃撥｜ 帳號：14319060 戶名：三采文化股份有限公司
初版發行｜ 2020 年 2 月 7 日 定價｜ NT$380
17 刷｜ 2024 年 2 月25日